U0949583

- 百度，中国最受欢迎、影响力最大的中文网站
- “百度一下，你就知道”，已成为大多数人有问题时首先想到的
- 产生于互联网的大数据应用，现阶段正在向其他行业领域渗透，成为行业创新和转型的重要驱动力

百度，大数据

全球最大的中文搜索引擎、最大的中文网站

冯永华　编著

SPM
南方出版传媒
广东经济出版社
·广州·

图书在版编目（CIP）数据

百度，大数据：全球最大的中文搜索引擎、最大的中文网站/冯永华编著．—广州：广东经济出版社，2016.8

ISBN 978-7-5454-4617-3

Ⅰ.①百…　Ⅱ.①冯…　Ⅲ.①网络公司-企业管理-经验-中国Ⅳ.①F279.244.4

中国版本图书馆 CIP 数据核字（2016）第 138957 号

出 版 人：姚丹林
责任编辑：李惠玉
责任技编：许伟斌
封面设计：李康道

出版发行	广东经济出版社（广州市环市东路水荫路 11 号 11～12 楼）
经销	全国新华书店
印刷	中山市国彩印刷有限公司（中山市坦洲镇彩虹路 3 号）
开本	730 毫米×1020 毫米　1/16
印张	14.75
字数	238 000 字
版次	2016 年 8 月第 1 版
印次	2016 年 8 月第 1 次
印数	1～5 000 册
书号	ISBN 978-7-5454-4617-3
定价	36.00 元

如发现印装质量问题，影响阅读，请与承印厂联系调换。
发行部地址：广州市环市东路水荫路 11 号 11 楼
电话：（020）38306055　37601950　邮政编码：510075
邮购地址：广州市环市东路水荫路 11 号 11 楼
电话：（020）37601950　营销网址：**http://www.gebook.com**
广东经济出版社新浪官方微博：**http://e.weibo.com/gebook**
广东经济出版社常年法律顾问：何剑桥律师

PREFACE | 前言

作为全球最大的中文搜索引擎、最大的中文网站，中国最大的互联网公司之一，百度公司从只有7个员工、为其他互联网公司提供技术支持发展起来，到现在员工45000多人，从单一经营到现在的多品类发展，仅仅用了15年时间造就了中国互联网的神话。如今的百度，已成为中国最受欢迎、影响力最大的中文网站。

1999年底，身在美国硅谷的李彦宏看到了中国互联网及中文搜索引擎服务的巨大发展潜力，抱着技术改变世界的梦想，毅然辞掉硅谷的高薪工作，携搜索引擎专利技术，于2000年1月1日在中关村创建了百度公司。15年来，百度秉承“让人们最平等便捷地获取信息、找到所求”的使命，砥砺前行，也曾面对各种危机，然而百度披荆斩棘，坚持着自己的信念，15年后百度的成就不可谓不辉煌。

2005年8月5日，百度搜索在美国纳斯达克上市，百度公司一夜之间成就了7个亿万富翁、51个千万富翁、240多个百万富翁，他们中多数在6年前还是学生。到2015年底，百度市值为728.63亿元，成为互联网企业里的赢家。

2014年来，百度不断与其他各界企业强强联合，从与优步合作，到与中国移动共建互联网云计算中心，以及与工行的深度合作，与微软的战略合作，再到换股携程，成立百信银行，百度一直在前进。2015年1月24日，百度创始人、董事长兼CEO李彦宏在百度2014年会暨15周年庆典上发表的主题演讲中表示，15年来，百度坚持相信技术的力量，始终把简单可依赖的文化和人才成长机制当成最宝贵的财富，他号召百度全体员工，向连接人与服务的战略目标发起进攻。

百度已经成为中国最具价值的品牌之一，英国《金融时报》将百度列入“中国十大世界级品牌”，成为这个榜单中最年轻的一家公司，也是唯一一家互联网公司。而“亚洲最受尊敬企业”“全球最具创新力企业”“中国互联网力量之星”等一系列荣誉称号的获得，也无一不向外界展示着百度成立数年来的成就。

那么，百度为何取得成功？从百度的成长中可以学到什么？本书主要从以下8个部分解读百度之路。

◇百度公司，起点中关村；

◇百度公司，源起李彦宏；

◇百度公司，是个大家族；

◇百度之路，平凡的传奇；

◇百度公司，强强合作；

◇百度公司，竞争中强大；

◇百度公司，简单可依赖；

◇百度公司，承担社会责任。

在不同人的眼中，百度有着不同的形象，编者只是从个人的思维角度对百度进行了观察、解读。在本书的编写过程中，由于编者水平有限，加之时间仓促，错误疏漏之处在所难免，敬请读者批评指正。同时，部分图片与文字内容引自互联网媒体，请原作者看到本书后及时与编者联系，以便支付稿酬。

编者

2016年7月

CONTENTS | 目 录

第三章　百度公司，是个大家族 / 41

搜索引擎已经是互联网上最重要的应用之一，然而作为全球最大的中文搜索引擎，百度公司不仅是在搜索引擎上拥有引人注目的成就，其开发的很多产品都是广大群众生活中不可或缺的。

百度公司是中国搜索引擎巨头，覆盖了很多方面的互联网业务。百度公司的搜索引擎占据了中国电脑和移动端流量的80%~90%。2015年第二季度，在百度平台上投放广告的商家达到59万家。本章内容将带领读者发现百度如何造就平凡的传奇。

李彦宏曾经说过：“在PC搜索领域，我们从来不缺竞争对手，也从来不惧怕竞争对手。”本章内容将和读者一起分析百度的竞争对手。

从创立之初，百度便将“让人们最平等便捷地获取信息，找到所求”作为理念，不断坚持技术创新，致力于为用户提供“简单可依赖”的互联网搜索产品及服务。多年来，百度董事长兼CEO李彦宏率领百度人所形成的“简单可依赖”的核心文化理念，深深地植根于百度。

百度秉承“弥合信息鸿沟，共享知识社会”的社会责任观，致力于成为用户值得信赖的伙伴、客户的得力助手、联盟伙伴的强大后盾、员工实现自我价值的大家庭。百度始终坚持“诚信、正直、协作、共赢”的企业信条，引领互联网行业的可持续发展。

导读　百度——全球最大的中文搜索引擎

北京时间2015年10月30日（美国东部时间10月29日），全球最大的中文搜索引擎百度公布了截至2015年9月30日的第三季度未经审计的财务报告。该季度，百度总营收为183.83亿元人民币，同比增长36%，其中移动营收占比持续上升，达到54%。同时，服务电商化进程进一步加快，百度糯米、百度外卖和去哪儿构成的电商化交易总额（GMV）为602亿元人民币，同比增长119%。这标志着百度作为一家全方位的移动公司，服务交易转型进入加速期。

百度15年

从2000年创立以来，15年时间，百度已成为引领中文搜索引擎的风向标，而现在它正在完善中国大脑E时代。

十几年前，说起百度，在大家脑海中首先浮现的是辛弃疾的词："众里寻他千百度，蓦然回首，那人却在灯火阑珊处。"而现如今，说起百度，大家脑海中跃然而出的却是有着全球最大中文搜索引擎之称的百度。

百度如今已成为中国80%的网民上网的起点站，不管是在生活还是在工作中，"百度一下，你就知道"已成为多数人有问题时首先想到的。可以说，百度如今已经与人们的生活息息相关、密不可分。

大数据时代

互联网的发展已经从IT（Information Technology）时代逐渐进入DT（Data Technology）时代，而DT时代的主要特点就是大数据分析。

大数据一直以来都是一个模糊的概念，它的含义是利用网络活动或交易的大量信息发现趋势并进行分析预测。大数据的大容量，数据的多样性、时效性使得传统的数据库与软件无法进行分析，因此数据科学家运用先进的技术以及电脑程序来建立模型以处理大数据。

百度是最早使用大数据的公司，最早的例子就是百度的搜索引擎。一个好的搜索引擎就是对于大数据良好的管理。百度通过在提供搜索结果的同时加入广告发掘潜在消费者以盈利。往往这些广告都与搜索内容相关，因此广告的针对性较强。随着大数据的发展，百度对广告潜在客户的寻找会更加精准。

百度还拓展了其在大数据领域的业务，包括开设北京大数据实验室，监测类似肝炎疾病的项目、新年旅行项目、地震、世界杯冠军以及票房佳绩等多方面内容。百度开设了供人们利用百度的计算程序进行预测的平台。

人工智能引领产业升级

2015年11月18日，百度公司副总裁孙云丰在接受采访时说，"'互联网+'是一个非常宏大的概念。那么，它究竟能够给我们的产业带来什么样的变化呢？对于百度而言，我们最关心的是人工智能将如何引领产业转型升级。"

"目前，人工智能的研发日趋成熟，而它也彻底解放了人类重复性的体力和脑力劳动。"孙云丰举例说，"比如汽车驾驶就是典型的重复性劳动。当前，欧美国家正在进行路试的无人驾驶汽车则以高度的人工智能彻底取代了人类这一重复性劳动，这就是'互联网+'带给汽车产业的巨大变化，如果这一技术投产并正式商用，全球的汽车及相关产业将发生翻天覆地的改变。"

"百度正在凭借'互联网+'的东风，帮助数千万企业激发自身的创新活力。"孙云丰表示。2015年10月，国务院总理李克强在北京出席首届"全国大众创业万众创新活动周"时，在百度展台前与智能机器人"小度"进行了10多分钟的互动交流，而"小度"机智对答的背后，正是人工智能与大数据技术的高度集成。

李彦宏也强调，"人工智能的发展将为整个社会带来无限的可能性，这也将使人们的生活更加便捷、美好。"随着计算能力的提升，以及计算成本的下降，过去很多不可能的事情现在也已变为可能；与此同时，许多简单、重复性的劳动都可以通过机器来完成。一直以来，李彦宏不断强调百度是将技术创新作为企业的立身之本，同时，百度在图像识别、语音识别等人工智能领域投入巨大，并积极探索着技术发展的未来方向和应用场景。

李彦宏指出，汽车产业不仅是未来人工智能发展最为典型的场景，甚至“未来三五年，汽车工业就会因为技术而发生颠覆性的变革”。一直以来，百度利用其在人工智能、大数据和导航定位等方面的多项技术优势，使自动驾驶汽车项目日臻成熟。在此次大会上，李彦宏还透露，目前百度自动驾驶汽车正在加紧上路测试，可以说，随着三维扫描等技术成本的不断降低，以及高精度地图能力的不断提升，无人驾驶取代驾驶员指日可待。

从最开始的“创业七剑客”到2015年初的45000名员工，百度仅仅用了15年时间。从最开始仅在幕后提供技术，到现在全球最大的中文搜索引擎，百度的成就不可谓不辉煌，虽然15年里经历了风风雨雨，也曾遇到各种危机，但是我们有理由相信，百度的未来必将越来越好！

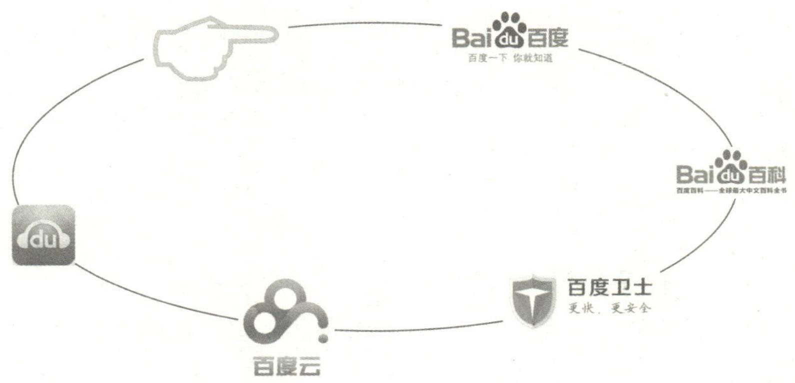

第一章
百度公司，起点中关村

导言：

1999年底，身在美国硅谷的李彦宏看到了中国互联网及中文搜索引擎服务的巨大发展潜力，抱着技术改变世界的梦想，他毅然辞掉硅谷的高薪工作，携搜索引擎专利技术，于2000年1月1日在中关村创建了百度公司。百度时代从此开启。

第一节　为什么是中关村

中关村科技园区

中关村位于北京市海淀区，是中国第一个国家级高新技术产业开发区，第一个国家自主创新示范区，第一个国家级人才特区，是我国体制机制创新的试验田，也被誉为“中国的硅谷”。

1988年5月，国务院批准成立北京市高新技术产业开发试验区，它就是中关村科技园区的前身；中关村科技园区管理委员会作为北京市政府派出机构，对园区实行统一领导和管理。

人才特区

中关村是我国科教智力和人才资源最为密集的区域，拥有以北京大学、清华大学为代表的高等院校近41所，以中国科学院、中国工程院所属院所为代表的国家（市）科研院所206家；拥有国家级重点实验室67个，国家工程研究中心27个，国家工程技术研究中心28个；大学科技园26家，留学人员创业园34家。中关村是中央人才工作协调小组首批授予的“海外高层次人才创新创业基地”，留学归国创业人才超过2万人，累计创办企业超过6000家，是国内留学归国人员创办企业数量最多的地区。

2011年3月，中组部、国家发改委等15个中央部门和北京市政府联合印发了《关于中关村国家自主创新示范区建设人才特区的若干意见》，中关村加快建设人才特区。2013年，北京市共有中央“千人计划”人才770人，其中80%在中关村地区。“北京海外人才聚集工程”的368名人才，80%聚集在中关村地区。

中国硅谷

中关村是中国高科技产业的中心。

1984年，科研院校云集的中关村，民营科技创业潮已经蔚然成风，陈春先、王洪德、陈庆振……大批科研人员走出实验室，“下海”创业，在中关村进行将高新技术和科研成果转化为直接生产力的“扩散”试验，主要是生产元器件等电子产品。白颐路（现为中关村大街）上出现了以“两通”“两海”（四通公司、信通公司、京海公司、科海公司）为代表的高新技术开发公司。

1984年夏天结束时，《北京日报》农村部的记者任秺犀对中关村现象进行了详细调研。这位记者在报道里写道，“靠科技起飞，开创中国式的硅谷。”“坚冰已经打破，道路已经开通。”这一文章发表在1984年9月11日的《北京日报》头版，题目就叫《开创中国式硅谷的探索》。这是目前已知最早称中关村为“硅谷”的报道，任稚犀也成为在公开媒体上把中关村称作“中国硅谷”的第一人。

中关村管委会在《大事记》中这样描述：（《开创中国硅谷式的探索》的这篇文章）介绍了中关村地区开始形成“电子一条街”的情况，引起了有关方面的注意。到年底，各种高新技术开发公司迅速发展到40多家，当年营业额为1800多万元，由科技企业搭成“中关村电子一条街”的骨架基本形成。

1984年被人们称为“中国的公司元年”。

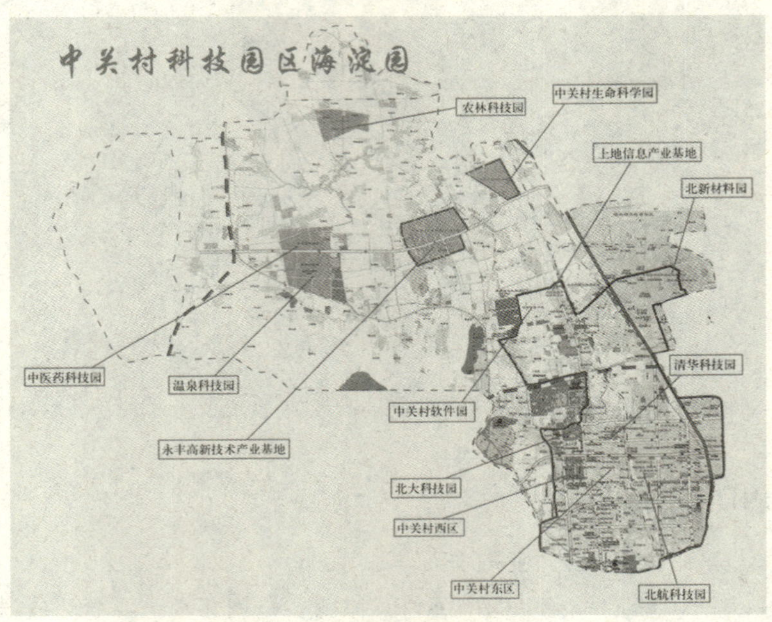

中关村科技园区海淀园

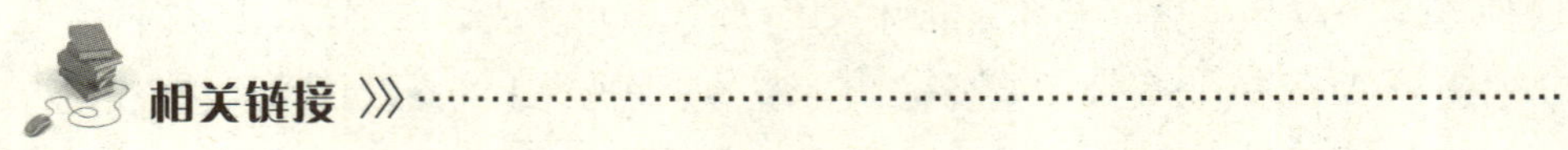

相关链接 》》

海淀区发展历程回顾：中关村电子一条街变身科技园

中关村电子一条街从零星几家小店，发展到2007年拥有17000多家高新技术企业、出口创汇27亿美元的高科技园区。此外，回顾海淀区的发展历程，可以清晰触摸到教改“排头兵”的持续活力和创意文化的繁荣前景。

墙内成果累累，墙外刀耕火种

对于中关村乃至中国科技发展史来说，1980年10月25日是个值得纪念的日子，中国科学院物理所一室主任、中科院里最年轻的研究员陈春先和10个伙伴聚集在物理所的一个破旧的仓库里，“偷偷”成立了一家全新的企业——北京等离子体学会先进技术发展服务部。

作为“中关村第一家民营科技企业”，服务部的成立在“铁板一块”的计划管理体制中打开了一个缺口，开启了一个神奇的“知识经济”新天地。

时隔28年后，当年服务部的创始元老之一、66岁的纪世瀛回想起来仍然心潮澎湃。那时让他倍感“紧迫”的是中科院围墙内外的反差：墙内现代化设备齐全，新技术成果累累；墙外仍是刀耕火种、人扛马拉的小农经济。

不过直到1983年初，陈春先的做法才得到中央领导的明确支持，在他的示范效应下，科研人员活跃起来，纷纷走出那道院墙开辟另一番天地，1984年，以四通、信通、京海、科海为代表的一大批民营科技公司先后成立，中关村电子一条街初具规模。

在这些具有标志意义的变化后面，海淀区区委区政府因势利导，主动为新办科技企业排忧解难。在1984年4月召开的海淀区科技大会上，首次提出将“依靠科学技术的进步，开发新型产业”作为海淀区发展的战略措施和目标。

经过多年的发展，到1987年，中关村地区的科技企业已有148家，闻名中外的中关村电子一条街初步形成。1988年5月国务院做出批复，中国第一家高新技术产业试验区——北京高新技术产业开发试验区在海淀区成立。数据显示，短短20年，中关村电子一条街从零星几家小店， 发展到2007年拥有17000多家高新技术企业、技工贸总收入达3941亿元、出口创汇27亿美元的高科技园区，中关村科技园区海淀园创造的GDP占据海淀区经济的半壁江山。

搬掉“三块铁”打破“一口锅”

“全国教育看北京，北京教育看海淀”——这句不少教育人士口中常说的俗语，虽然有其片面性，但一定程度上点明海淀区教育在北京市乃至全国的独特地位。不过作为北京市教育改革的领头羊，30年来海淀区丝毫没有改变其“英雄本色”。

20世纪80年代初，在全区开展大面积提高教育质量的改革试验；1994年，北京市政府正式批准了在海淀区建立教育改革试验区的要求，全方位推进和深化教育改革。这是全国第一个在地、市一级行政区域内建立的教育改革试验区。20世纪90年代后期海淀作为全国素质教育联系区，开展了以提高教学质量为重点的素质教育改革试验。进入21世纪后，全区着力建设学习型海淀，构建现代化的终身教育体系。

据介绍，20世纪80年代，海淀区率先在全区学校内部实行以校长负责制、结构工资制、教职工聘任制为主的管理体制改革。人们形象地描述这些改革为：搬掉“三块铁”（铁工资、铁饭碗、铁交椅），打破“一口锅”（大锅饭）。20世纪90年代教改试验区成立后，区教委形成并确认了政企联办、企业承办、校长（园长）承办等多种办学形式。随后政企联办的海淀21世纪实验学校、企业承办的万泉小学、校长承办的十一学校等各种体制的学校应运而生。

素质教育联系区建设取得成效，全区教学质量稳步提高。高考成绩、体育教育、艺术教育、科技教育成果显著。部分深谙京城教育的专业人士分析，从社会关注的高考成绩而言，海淀区已跃居全市领军位置。此外，在金帆奖、银帆奖及各种奥赛的评比中，海淀区亦有不俗表现，得奖比例在全市位居前列。近年来的“名师工程”和“名校长工程”不仅推出了张思明、谭天静等一批全国和市区级著名教师，还促进了教师队伍的年轻化和学历的提高。

刘欢、韩红曾竞逐街道歌咏会

（略）。

2007年，海淀区政府出台一系列为创意产业人才引进解决户口、减免企业税收、设立产业发展专项资金等措施，用来支持辖区内重点项目和企业发展。依据规划，未来几年，海淀区将根据自身的资源优势和产业特点，把发展文化创意产业的重点放在软件与信息服务业、数字动漫游戏、数字媒体出版和数字影音等方面。

……………………………………………………………………

第二节　百度的诞生

诞生是必然

李彦宏在海外的8年时间里，中国互联网界正发生着翻天覆地的变化。

1995年5月召开的全国科学技术大会上，时任中共中央总书记的江泽民正式提出“科教兴国”战略。这是继1956年号召“向科学进军”、1978年全国科学大会之后，中国科技事业发展进程中第三个重要的里程碑。

1997年，中国政府批准了中国科学院关于建设国家创新体系的方案，投资实施知识创新工程。

1988年，经国务院正式批准，我国第一个高新技术产业开发试验区——北京市高新技术产业开发试验区（中关村科技园区前身）成立。这是中国第一个以电子信息产业为主导，集科研、开发、生产、经营、培训和服务于一体的综合性基地。北京市高新技术产业开发试验区开拓“中国式硅谷”的探索，得到了政府层面的高度肯定。同年6月，中国成立国家科技教育领导小组，表明中国从更高的层次上加强对科技工作的宏观指导和整体协调。

1999年8月，中国政府召开全国技术创新大会，提出要努力在科技进步与创新上取得突破性进展。

百度公司成立

百度是全球最大的中文搜索引擎、最大的中文网站。

1999年底，身在美国硅谷的李彦宏看到了中国互联网及中文搜索引擎服务的巨大发展潜力，抱着技术改变世界的梦想，他毅然辞掉硅谷的高薪工作，携搜索引擎专利技术，于2000年1月1日在中关村创建了百度公司，致力于向人们提供“简单，可依赖”的信息获取方式。百度时代从此开启。

2000年6月，百度正式推出全球最大、最快、最新的中文搜索引擎，并且宣布全面进入中国互联网技术领域。之后，相继为搜狐、新浪、263、Tom等提供搜索技术服务。

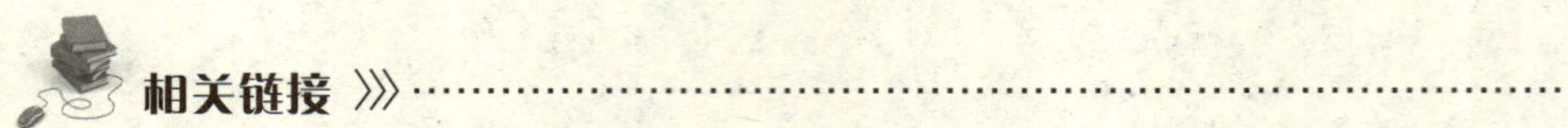

广州视窗采用百度搜索技术

2000年11月13日，最优秀的中国互联网技术提供商之一百度公司宣布，正式向著名门户网站之一——广州视窗提供信息搜索服务。其主要内容包括网站目录搜索、网页搜索两大部分。此次与广州视窗的合作，是百度继与21CN合作之后在南方地区的又一重大举措。在1个月的时间里百度先后与21CN及广州视窗签约，也是其进入南方市场的一个标志。

百度基于互联网的网页搜索早已被多家知名网站所采用。同时，也会根据客户要求的不同而有所区别，更体现出个性化的特点。百度网站目录系统目前已包含了近30万个条目，囊括了大部分重要的中文网站和大量特色鲜明的个人网站。基于对中国互联网市场的深刻理解，百度开发出了世界领先的具有自主知识产权的互联网信息搜索和传递平台，在此基础上推出一系列各具特色、满足不同需要的产品。

广州视窗的技术负责人在谈到采用百度技术的原因时说，“曾经有人问过我，为什么要与百度合作。我要说明的一点是，与百度合作并不是因为新浪、搜狐都采用了它的技术，这仅能代表它有这个实力来为我们提供服务，重要的是要看它的综合实力，这包括一流的技术、为客户提供的服务、对市场需求的反应速度。百度在这些方面是达到了我们的要求的。”

当时，百度公司还是一家成立不到1年，人数不足40人的公司，但其开发的中文搜索引擎技术先后被硅谷动力（eNet）、中国人（China Ren）、搜狐（SOHU）、新浪（SINA）、21CN 及广州视窗等中国著名网站所采用，说明了其雄厚的技术力量。同时，它也打破了境外技术一统天下的格局，短短的10个月里，在信息搜索技术市场中拥有了 60%以上的市场份额，可谓是创造了中国互联网业界的一个奇迹。百度总裁李彦宏认为，“对于一个互联网技术提供商来说，过硬的技术是一切的基础，但只有这一方面是远远不够的，我们要从客户的需求出发，从市场的需求出发，才能永远保持领先的地位。”

相关链接》》

263前台增力　百度后台支持——百度为263提供搜索功能整体解决方案

2000年，各大门户网站之间的搜索大战硝烟未散，2001年1月15日，百度又宣布中国著名网络集团——263首都在线（www.263.net）将采用百度全套搜索产品，来完善自身的搜索功能，增强市场竞争力。所谓全套产品，除了百度的两个拳头产品——网页搜索引擎、网站目录系统外，还包括百度新近开发的可实现对特定网站内容进行分频道搜索的网事通及技术含量非常高的实时信息系统两款产品。这一合作的达成，拉开了各网站间又一轮搜索功能大战的序幕，预示着2001年互联网界又将是战火纷飞的一年。

据介绍，此次推出的两个新产品，网事通与实时信息系统，可分别用来满足广大网民对信息搜索的更深层次的不同需求，是对大型的网页搜索引擎和网站目录系统的有益的补充。前者主要是用来实现对网站内部的信息进行分频道搜索，并可极其方便地定制针对某领域内容的专业搜索引擎，它是百度公司将高端的全球互联网网页级高效搜索技术应用到网站建设基础性事务中的产品。而后者实现了对搜索数据库的实时更新，即对互联网上新出现的网页，可在1分钟内分析完毕并添加到数据库中提供搜索。业内人士曾认为，在大数据量、大访问量的情况下进行数据库的实时更新并提供稳定的搜索服务，在技术上是一个难以逾越的门槛，而百度推出的实时信息系统成功地跨越了这道门坎。263此次选用实时信息系统，主要是为了保证网民不出263网站，即可随时看到其他网站的最新信息，从而满足网民对信息量的需求，达到提高竞争力的目的。

2000年11月21日，对于263 来说可谓是意义深远的一天，同时也在中国的互联网业界划上了不可磨灭的一笔。继宣布263网络集团成立以来，人们翘首以待这个中国的“AOL”的下一个惊人之举，2个月后的2001年1月15日，它为大家揪开了这个谜底——与百度签约，升级搜索功能。当有人问及与百度签约会不会担心搜索结果与新浪、搜狐相同而影响 263 的形象时，263的网络业务事业部总经理吴长京先生说，“首先，我们会考虑263 特殊的用户以及应用定制化的问题；再者，搜索对于网站就像是空气对于人类，缺之不可。而搜索是基于互联网的，其结果相类似是正常的事情。在此情况下，我们只选择技术上能满足我们要求的技术提供商。”

业内人士认为，如果将263三大部分（ICP、ISP、IDC）的结合看作是其增强硬件服务的话。那么，与百度的合作，就是增强其在网站自身建设——软件方面的竞争力。

在过去的一年里，百度这个成立仅1年时间的公司，其战绩不可小视。6个客户中就有4个位列十大网站。据有关专家称它已占领了这一市场70%的份额。创造了中国互联网业界的奇迹。百度总裁李彦宏认为，“百度之所以取得这样骄人的成绩，是因为人们都认识到搜索对网站的重要性。互联网就是信息进行有序的、有向的流动。因此，可想而知搜索对网站的意义至关重要。”

百度“七剑客”

不同于现在拥有超过17000名员工，成立之初的百度，一共有李彦宏、徐勇、刘建国、郭眈、雷鸣、王啸、崔珊珊等7个人，而这7人，被称为百度“七剑客”。

李彦宏

百度创始人、董事长兼CEO的李彦宏，2000年1月1日在中关村创立了百度公司。详见第二章。

徐勇

徐勇1982年就读于北京大学生物系，1989年完成生物硕士学位后，获美国洛克菲勒基金会博士奖学金，赴美留学，于美国德州A&M大学获得博士学位，随后任加州大学伯克利分校博士后。在美国10年期间，徐勇先后任职于2家著名的跨国高新技术公司（QIAGEN, Inc.和Stratagene），职位是高级销售经理，并且获得过杰出销售奖。

1998年，徐勇作为制片人之一拍摄了大型专题纪录片《走进硅谷》，客观并全面地反映硅谷的发展过程，深度探求了硅谷成功背后的种种因素。在硅谷他多次应邀给来自中国大陆的高级政府官员介绍硅谷的风险投资机制和创业文化。1999年，徐勇与他人合作创立Cybercalling.com公司，这个网络电子商务公司在6个月内就实现了盈利。他与硅谷的众多商业团体都保持着密切的联系，并为许多新兴的高科技企业提供商业咨询。

1999年底，徐勇与好友李彦宏回国创建了百度网络技术有限公司。

2004年8月，徐勇向董事会提出辞职。2004年12月16日，徐勇正式离开位于理想国际大厦的百度办公室。

刘建国

刘建国1988年本科毕业于西安交通大学计算机科学工程系，1991年硕士毕业于北京大学计算机科学技术系。1991—2000年，在北京大学计算机系任教，1999年被评为副教授。1997—1998年在美国UIUC计算机科学系做访问学者。2000年1月加盟百度，是百度的第一位员工，也见证了百度成长为国内最大的搜索引擎的全过程。。

刘建国主持开发过国内第一个大规模中英文搜索引擎系统即天网、第一个面向消息的中间件产品即银燕。在软件开发管理、项目管理、部门管理、人员管理等方面有丰富的经验。在百度任职期间主要负责公司与技术和工程有关的研究和管理工作，确保百度在中文搜索服务方面居于世界领先地位。

2006年2月7日，百度宣布已经正式任命刘建国为公司首席技术官（CTO），之前刘建国为百度技术副总裁。刘建国被百度公司授予“百度终身荣誉员工”称号。同年，被“软件中国2006年度风云榜”评为年度最具影响力人物。

2006年，刘建国离开百度，任生活搜索网站爱帮网首席执行官（CEO）兼总裁。

郭眈

1998年，郭眈获北京交通大学硕士学位。2000年1月，加入百度七人创始团队，百度成立。历任高级工程师、技术经理，后任百度技术高级总监，负责搜索新产品、商务搜索产品的研发。郭眈掌门的产品，包括广大人民喜闻乐见的百度知道、百度贴吧、百度新闻、百度空间等等。

2010年10月，郭眈离开百度。

雷鸣

雷鸣曾经是国家973重点科研项目天网搜索引擎的核心项目团队成员、索引和搜索组组长。天网搜索是在百度之前，国内最优秀的搜索引擎。

1999年底，通过与李彦宏和徐勇的沟通，雷鸣放弃了美国七所大学的全额奖学金，成为百度创始“七剑客”之一。在百度早期，他主要负责搜索引擎的设计和实现工作。作为百度首席架构师，他曾带领公司最重要的项目“闪电计划”，成功阻击Google中文，确保了百度在中文搜索领域的领先地位。

2003年夏，为了积累更多的商业知识，加深对全球化的了解，雷鸣离开百度进入斯坦福大学商学院，开始攻读MBA。

2005年，获得斯坦福大学MBA学位后，雷鸣回到北京，与同学怀奇一起创建了酷我音乐并担任董事长兼CEO。

王啸

2000年初，还在北京邮电大学通讯系读研究生三年级的王啸，和身边很多同学一样面临着就业的选择，他喜欢充满激情地创新，做别人没有做过的事情。

一次偶然的机会，他在一个高校的BBS论坛上看到一家名叫百度的创业公司正在招人，要求“会Linux下的C语言编程人员”，这恰好是王啸的对口专业，公司性质也完全符合他对自己的职业规划，便立即投了简历。

而这位百度创始团队成员，是除李彦宏外的“六剑客”中留任时间最长、更换部门最多的“元老”。

从一开始为百度的第一代搜索引擎编写代码，到后来负责公司的服务运营管理，再到之后陆续负责系统运营、产品管理、出任企业搜索软件事业部运营总监以及客户端软件部负责人。这些百度内部的职位可能仍让人感觉有些陌生，而百度工具栏、千千静听、百度Hi等明星产品更能证明王啸的成绩。

2011年11月，王啸离职。在百度的11年里，王啸在公司内部更换了六七个岗位，也从一名单纯的程序员逐渐转型为一名熟谙全业务流程的职业经理人。

崔珊珊

1999年底，为了招聘第一批工程师，李彦宏在清华和北大的BBS上发了一条招聘信息。崔珊珊当时还在中科院读研究生，看到这个帖子后，被其中的言语所吸引，并通过面试成为了公司七位创业人员中的一位。到后来，当已成为百度的技术总监的崔珊珊谈起那段经历时，言谈中仍然表现出对当初的选择自豪不已。

2010年10月，崔姗姗离开百度。

第三节　百度真正的诞生

做独立搜索引擎公司

世界搜索引擎技术的发展历史如何呢？如下页中的图片所示。

付费排名模式的出现扭转了搜索引擎的败局，也使搜索引擎独立出来，以专门的商业机构进行运作成为可能。

这给了李彦宏启示，百度要想做独立的搜索引擎网站，其商业模式可以借鉴Goto.com的付费排名模式。经过缜密思考，结合中国市场的实际，李彦宏将百度即将采取的商业模式定为了竞价排名。

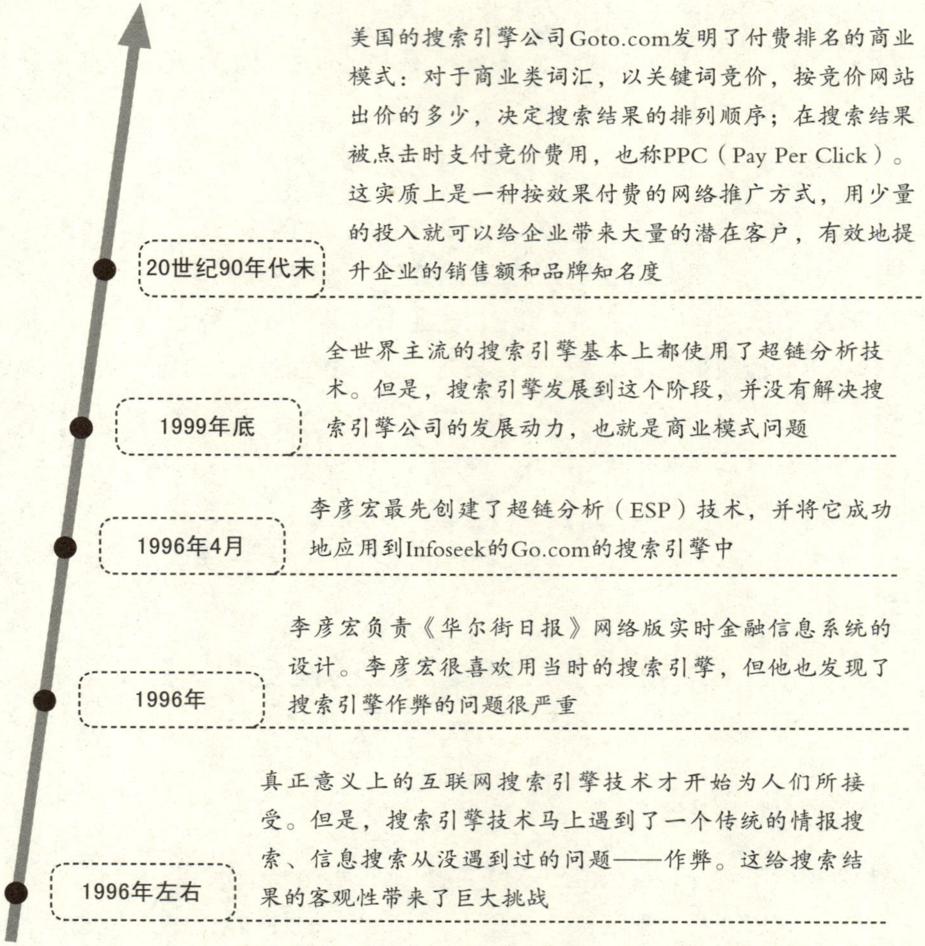

世界搜索引擎技术的发展历史

大闹董事会

2001年，李彦宏在百度董事会上提出百度转型做独立搜索引擎网站，开展竞价排名的计划。然而，他的提议遭到股东们的一致反对：此时，百度的收入全部来自给门户网站提供搜索技术服务支持，如果百度转做独立的搜索引擎网站，那些门户网站不再与百度合作，百度便会失去眼前的收入，而竞价排名模式又无法马上赚钱，那么百度就只有死路一条。

在充分陈述了自己的计划和观点后，仍旧得不到支持的李彦宏第一次发了大火。尽管这次一贯自信的李彦宏受到了极大的挑战，然而只要他认准了的事，几乎没有人能改变，尤其是在百度未来发展的大方向、大问题上，他丝毫不会退让。

而最终，投资人同意了李彦宏将百度转型为面向终端用户的搜索引擎公司，他们告诉李彦宏："是你的态度而不是你的论据打动了我们。"

2001年9月22日，百度正式推出了面向终端用户的搜索引擎网站www.baidu.com，百度竞价排名系统也正式上线，百度中文搜索引擎正式诞生。

这是百度发展史上具有里程碑意义的时刻。从此，百度从"在你成功背后"逐步走到前台，直接为用户提供服务。

至此，众所周知的百度真正地诞生了。

相关链接》》

百度搜索竞价排名浮出水面

2001年9月20日起，百度公司全面推行主题为"你想要的，正在找你"的互联网搜索引擎竞价排名服务，百度此举预示着传统的"只重数量、不重质量"的网络宣传推广模式开始退场，取而代之的是"以质取胜、质量并重"的全新模式，创造了一条企业利用网络推广业务、发掘潜在客户、寻找销售线索的有效途径。

作为中文互联网信息搜索技术的优秀提供商，百度公司推出的搜索引擎竞价排名服务，是指由用户（通常为企业）为自己的网页出资购买关键字排名，按点击计费的一种服务。即当利用搜索引擎进行信息搜索时，搜索结果的排名将依据客户为该关键字出价的多少由高到低进行排列。

通过搜索引擎竞价排名服务，用户只需一次简单的注册，投入非常少的资金就可拥有一个账户，通过竞价，该用户网页的排名就会在短短的3个工作日内同时出现在百度支持的中国几乎全部主要门户网站搜索引擎的前列，每天数以百万计的用户就有可能直接看到该用户的产品或服务。通过竞价排名，企业将会有机会赢得大量直接客户的访问，仅仅1毛钱/次的点击，所蕴藏的就有可能是1000元、10000元甚至更多的收益，而且该系统还遵循不点击不收费的原则，很好地保证了企业的利益。

在中国，百度一直致力于推动搜索引擎市场的培植和发展，现在竞价排名系统的全面推行旨在为数十万网站的拥有者们提供一个展示自我、吸引潜在客户、发现销售线索的巨大平台。

据CNNIC2001年7月的调查显示，目前3000万中国互联网用户中有51.3%的用户经常使用搜索引擎，其中57.5%的用户得知新网站的主要途径就是搜索引擎，所有访问者均具有极强的针对性和倾向性，绝大部分都是企业未来的潜在目标客户。因此可以肯定此种系统将是让目标用户直接认识、了解企业的最佳途径之一。

除了新浪、搜狐、263、TOM等大型门户网站外，像21CN、广州视窗、上海热线及很多娱乐型、消费型的网站也是此次竞价排名系统推行的联盟之一，具体的推广内容，网民可以通过登录上述任何一个网站或者直接浏览百度公司的主页www.baidu.com获取。

新浪停机事件

www.baidu.com作为独立的中文搜索引擎网站刚刚推出时，因没有知名度，每天的流量很小，更多流量还是来自合作的门户网站。当时，如何用有限的资金做大规模推广，如何让中国的互联网用户熟悉并使用www.baidu.com，成为李彦宏等百度创始人必须解决的问题。

而随后发生的一件事，使这个问题迎刃而解。

2002年3月，网民像往常一样点击新浪的搜索框，搜索页面没有像平时那样显示出搜索结果，取而代之的是一行显眼的红字："新浪欠费，百度停机，如需要更好的搜索结果，请登录www.baidu.com。"因当时新浪拖欠百度一笔搜索引擎技术服务的费用，在催交无果的情况下，百度果断地停止服务。

最后，停机事件以新浪让步，百度继续为之提供服务告终。

这次事件让百度的用户流量一夜骤增，也让广大网民知道了百度——这个隐藏在门户网站背后的搜索技术服务提供商。

随着人员规模的扩大，2002年，百度从北大资源宾馆搬到了海泰大厦，加上搜索引擎竞价排名商业模式的确立，李彦宏当选“中国十大创业新锐”。

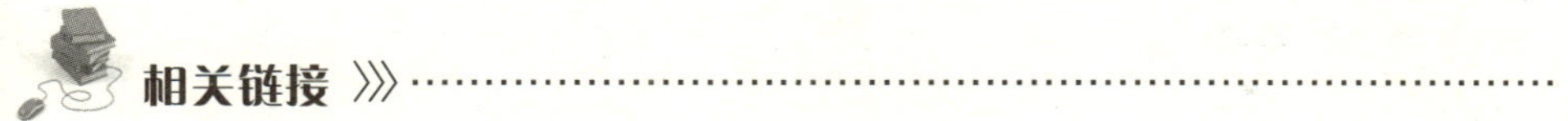

搜索引擎急搜新“钱”途

一直躲在门户网站后面的搜索引擎最近“跳”了出来。先是百度与新浪“分手”的传闻甚嚣尘上，既不见百度澄清，也不闻新浪说话，有人猜测可能传闻就是事实。

躲在“门户”后面赚小钱

徐勇证实，百度并未出局，仍在服务的门户网站不只新浪，还有雅虎中文和搜狐等。搜索引擎纯粹是由互联网应用衍生出来的，伴生于网站。虽然上网的人离不了各种信息搜索，但是这个衍生与伴生的行业一直躲在网站后面，不为人知。与大把烧钱的网站比，搜索引擎行业的收入倒也稳定，只是微薄了些。而各个门户网站在花钱定制搜索引擎的同时，也近水楼台地自己经营一部分。从搜狐财报上可以看出，搜索引擎还小小地为门户网站赚了笔钱。这就意味着能在搜索行业的门槛里活下来不易。

2002年11月，Google和百度在网页检索上分吃了绝对份额，台湾的Openfind则侧重新闻检索，进门较晚的慧聪在新闻检索上大抢风头，能否站住脚还需要时间。但这个策划出身的后来者的确为默默无闻的行业抢来了不少眼球。剩下的门户网站，少有能望其项背者。随着各大门户网站日子的逐渐好过，薄利更成了搜索引擎行业心里的痛。

竞价排名能赚大钱?

而百度忙着在雅虎、搜狐、新浪、网易、21CN、Tom、Lycos、腾讯等36个国内主要门户网站推出竞价排名，所谓竞价排名即希望在网上宣传的企业出资竞争自己在搜索结果网页上的排名位置。据说市场对这个新名堂反响热烈，从巴望网站兜里的那点钱转到向数百万家中小企业搜钱，百度也认为自己为行业创造了一种成功的商业运作模式。虽然每次点击的收入仅为几毛钱，但竞价排名的主要目标群为国内中小企业，有几百万之多，“钱”景颇为可观；目前加入合作的主要是主流门户网站。而一些行业门户网站虽然点击率不高，但专业性较强，具有权威性，行业门户网站加入竞价排名后将搜罗到更多的潜在客户。

成功与否，现在下结论还为时过早，不过竞价排名倒是为搜索引擎行业提供了一种做大市场的可能。

相关链接》

百度总裁催热中文搜索

2002年7月9日是炎热的一天，作为中国最大的搜索引擎提供商百度公司的总裁，李彦宏的心里同样是火烧火燎的。33岁的李彦宏是一位名副其实的“海归”，1999年底，在美国留学和工作了8年的李彦宏带着美国式的自由竞争精神和自己的超链分析专利回国开始创业，时至今日，新浪、搜狐、TOM等中国大型门户网站的搜索引擎业务已经都交给了百度，在百度快速发展的过程中，李彦宏因为为人坦诚一直在业内口碑极佳。

与新浪感情破裂

2000年11月16日，新浪网的董事会将其综合搜索引擎的业务交给了当时成立不到一年的百度。作为最大的中国搜索引擎提供商和最大的中文网站，百度与新浪的合作一直被业内称作“天作之合”，但是2002年7月7日业内突然传出新浪将于8月停止其与百度合作的消息。

据推测，其原因是这样的：2001年8月，百度与新浪达成协议，百度继续为新浪提供搜索服务，同时新浪支持百度推广竞价排名。随后，百度公司于2001年9月20日，正式推出竞价排名。所谓竞价排名就是企业通过竞争单次点击的费用，决定自己在搜索结果中排名先后的服务。而这种新功能与新浪随后推出的排名收费是有一定的冲突的，因此导致新浪和百度关系微妙。

奇袭网络实名

新浪事件还没有结束，2002年7月9日，业内又传来了百度与3721交恶的消息。在搜索引擎领域，李彦宏被称为“中国搜索引擎第一人”，面对已经发展比较完善的搜索引擎技术，李彦宏从2001年开始，一直在尝试着进行搜索引擎的增值功能的探索。

谈到与3721的竞争时，李彦宏说，“我们从没想过要抢3721的市场。”同时他还拍着胸脯保证：“我们的这一业务将永远免费。”“我们是依靠搜索引擎获利的，这只是我们的增值服务，是招揽客户的一种手段，而不是我们的盈利手段。”

鲸吞兼并，羊吃老虎

据李彦宏透露，此次百度入主263搜索频道并非简单的收购行动，双方已达成协议，263搜索频道仍将以263命名，而其搜索频道的全部收益将归百度所有。对于这种说法，李彦宏只是对记者说：“百度强大的技术服务功能是263所看重的。”

对于如此频繁的洽谈收购，李彦宏对记者保证：“我们不是要做门户，我们还是做搜索，收购网站是为了在网站上更加大力地宣传搜索。”

第一天赚了1.9元

2001年9月，竞价排名推出的第一天，百度赚了1.9元，第二天赚了3元，到了第四天这个数字已经成为两位数，第五天正好超过200元！这时候，百度的商业应用产品经理王湛迫不及待地发邮件向同事们报喜，说按照目前这种200%的增长率，过不了多久就能每天赚500元，1000元，10000元……

从2001年9月推出竞价排名，到2001年12月，百度在竞价排名上的收入一共是12万元左右，平均下来1天是1000多元。

【拓展阅读】 shifen收入增长情况

shifen收入增长情况

百度副总裁王湛仍保留着2001年写的一封非常具有纪念意义的邮件。因为当时每次点击收费10分钱，所以，百度的这个系统当时叫“shifen”，邮件内容如下。

Sent：Saturday，September 29，2001，21：26

Subject： shifen收入增长情况

感谢王啸和子正加入了费用统计功能。我刚才统计了一下，和大家分享：现在是21点20分，除去我们自己的测试点击，共收费82.27分。

日统计（从9月24日起）：

9月24日5.78元

9月26日7.34元

9月27日9.76元

9月28日18.4元

9月29日，截至21点23分为16.99元

看到收入增长的速度，真的很高兴。

王湛（Eagle Wang）

【拓展阅读】 目标600万元

目标600万元

2002年初，在百度内部会议上，准备制订全年的销售计划时，李彦宏问，今年竞价排名的销售目标应该定多少？有人说50万元，有人说100万元，有一个人胆子最大，说200万元，而此言一出，现场的人一片唏嘘——从前一年的12万元一下子增长到200万元，这个目标太夸张了，尽管当时每天在竞价排名上的收入已有很大增长，但每天也只有2000元，一年也就是几十万元，怎么算都达不到200万元。

但是，这样的目标李彦宏还是摇头。

随后，他告诉大家，2002年竞价排名的销售目标是600万元！

几乎所有人都被震住了，按照600万元的目标，平均每天要收入18000元，而当时每天的收入最多才2000元，要实现600万元的目标，能做到吗？

尽管600万元的目标让人觉得不切实际，可还是定了下来。

2002年12月，康佳、联想、可口可乐等国际知名企业都成了百度竞价排名的客户。而当年，百度的竞价排名销售达到了580多万元，基本实现了预定目标。

600万元目标的实现，也预示着百度未来的道路将越走越远，越走越宽。

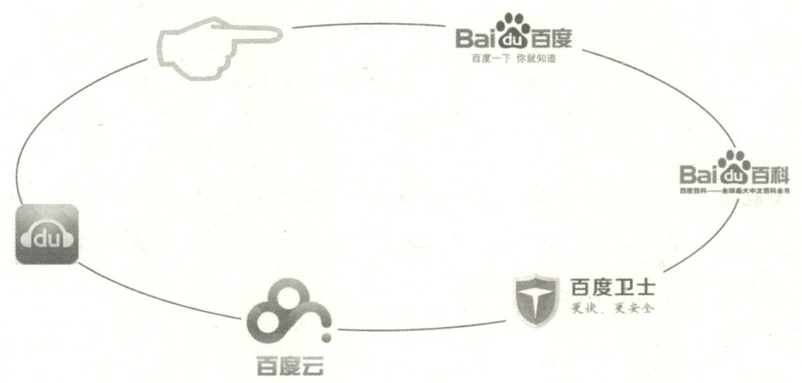

第二章
百度公司，源起李彦宏

导言：

从山西阳泉到北京大学，到美国布法罗纽约州立大学，到硅谷，再回到北京，众里寻“它”千百度，而当李彦宏蓦然回首，却发现最初选择了图书情报专业（即信息管理专业）注定了他终身的追求与成就凝聚在“搜索”二字之上。

第一节 李彦宏其人

提起李彦宏，大家都不陌生，他是百度公司创始人、董事长兼首席执行官，全面负责百度公司的战略规划和运营管理。而李彦宏的传奇经历也使其成为众多中国年轻人的偶像。

李彦宏做出的贡献

创业前，李彦宏已经是信息搜索领域的杰出专家，全世界排名前三，那么他做出的贡献有哪些呢？如下图所示。

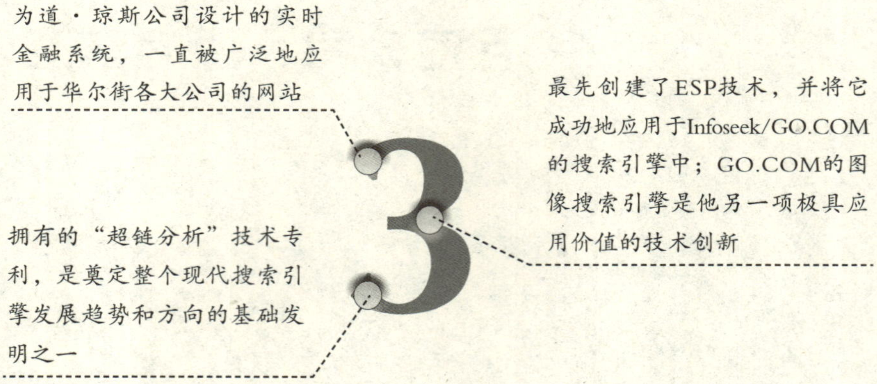

李彦宏做出的贡献

李彦宏所获殊荣

李彦宏所获殊荣颇多，具体如下表所示。

李彦宏所获殊荣

时间	荣誉
2001年	被评选为“中国十大创业新锐”
2002年	首届“IT十大风云人物”称号
2003年	第二届“IT十大风云人物”称号
2004年4月	第二届“中国软件十大杰出青年”
2005年8月23日	第十二届“东盟青年奖”
2005年12月28日	CCTV“2005中国经济年度人物”
2006年12月10日	美国《商业周刊》2006年全球“最佳商业领袖”
2009年12月8日	2009年度华人经济领袖奖
2010年4月30日	上榜“全球100位影响力人物，领袖类榜单”第24位
2010年7月29日	首都杰出人才奖
2010—2013年	连续3年获评“《福布斯》全球最具影响力人物”
2010年11月18日	上榜《财富》年度商业人物，位列第六
2012年3月8日	以102亿美元身家列2012福布斯全球亿万富豪榜第86位
2012年6月	被“福布斯中文版”列为“2012年中国最佳CEO”榜单首位
2015年2月11日	2014中国互联网年度人物

李彦宏的社会头衔

李彦宏兼任全国政协委员、全国工商联副主席、中国互联网协会副理事长、北京市科协副主席、武汉大学客座教授、中国科学技术大学客座教授、南开大学兼职教授、联合国艾滋病规划署全球委员及爱佑华夏慈善基金会理事会理事、联合国世界环境日环保公益大使等。

【拓展阅读】 李彦宏两会提案：全面开放医院挂号号源

李彦宏两会提案：全面开放医院挂号号源

2015年3月3日，全国政协委员、百度公司CEO李彦宏公布了自己的两会提案。李彦宏的提案主要有两条：一是建议全面开放医院挂号号源，让病人找到最合适的医生；二是建议设立“中国大脑”计划，推动人工智能跨越发展，抢占新一轮科技革命制高点。

李彦宏认为，网络挂号对方便群众就医、提升医疗行业运行效率具有重要作用，而当前部分地区具有官方背景的“预约挂号统一平台”存在着社会认知度低、用户体验不好、挂号号源上网比例不高、限制医院开展个性化服务积极性和自主性等问题。因此，李彦宏建议取消部分地区对商业机构开展网络挂号业务的限制，借助社会力量优化医疗资源配置，同时根据不同地区的实际情况，逐年加大医院挂号号源上网的比例，加大对网络挂号的宣传力度，引导患者更多地通过互联网进行挂号。

李彦宏提案及主要内容如下。

提案1：建议全面开放医院挂号号源，让病人找到最合适的医生。

“看病难”是老百姓最关心的民生问题之一，加快医药卫生事业发展和改革，是提高人民生活质量的重要举措。网络挂号对方便群众就医、提升医疗行业运行效率具有重要作用。当前部分地区具有官方背景的“预约挂号统一平台”存在着社会认知度低、用户体验不好、挂号号源上网比例不高、限制医院开展个性化服务积极性和自主性等问题。

李彦宏建议取消部分地区对商业机构开展网络挂号业务的限制，借助社会力量优化医疗资源配置，提升医疗服务的质量和效率。同时，根据不同地区的实际情况，逐年加大医院挂号号源上网的比例，加大对网络挂号的宣传力度，引导患者更多地通过互联网进行挂号。大力扶持各级医院提升信息化水平，鼓励医院通过自身网站为群众提供挂号服务、进行在线咨询和交流功能，并借助信息化手段实现分时预约，提升医院运营效率，方便群众就医。

提案2：建议设立“中国大脑”计划，推动人工智能跨越发展，抢占新一轮科技革命制高点。

人工智能是21世纪最为前沿的技术之一，其发展将极大地提升和扩展人类的能力边界，对促进技术创新、提升国家竞争优势乃至推动人类社会发展产生深远影响。当前，人工智能正迎来新一轮创新发展期，欧美等发达国家纷纷从国家战略层面加紧布局，以引领新一轮科技创新大潮。而目前，我国在人工智能领域的基础研究积累、应用实践经验和科技创新投入较发达国家均有较大差距，且国家层面尚未制订针对人工智能的全面推进计划。

李彦宏建议设立国家层面的“中国大脑”计划。以智能人机交互、大数据分析预测、自动驾驶、智能医疗诊断、智能无人飞机、军事和民用机器人技术等为重要研究领域；支持有能力的企业搭建人工智能基础资源和公共服务平台，面向不同研究领域开放平台资源，高效对接社会资源，依托统一平台协同创新；改变传统“相马模式”的科研机制，引入“赛马模式”等市场机制，通过开放式协同创新和资源开放共享，吸引相关各方的广泛参与；在人工智能技术成果的转化与共享方面，充分引入市场机制，促进研究成果转化，带动传统工业、服务业、军事等领域的融合创新，推动传统产业和社会服务向智能化方向发展，助力我国经济转型升级，为实施国家创新驱动发展战略提供有力支撑。

李彦宏的管理经验

李彦宏在公司提出了“五级领导力”管理模式，即将管理层划分为仅有的五个层级，这使得公司在不断壮大的过程中仍然保持扁平化的高效管理模式，并创造性地运用柔性与刚性相结合的公司管理艺术，从最低的团队领导到最高管理层，每一层级均有明确的能力素质评价指标。包括业务推动能力、专注专业精神、任务分解能力、沟通和跨部门协作能力、人才培养能力等五个维度。

李彦宏在2012年清华AACSB论坛分享高管层领导者应该具备的能力时表示，第五级领导必须能够做到下图四点。

要点一	洞察行业趋势，“要能看到一到两年后的市场变化，并不断问自己同样的问题，一旦答案相同，说明你已经落后了”
要点二	果断把握市场机会，“一旦得出了推论就要立刻着手解决，而且要比其他所有人都做得好”
要点三	极强的沟通技巧，“善于影响、发展、推动、改变、激励他人，营造良好的工作氛围”
要点四	在复杂多变的情况下，通过一系列综合思考的决策技巧，应变式地找出或开发新的解决方案

第五级领导的能力要点

李彦宏的财富排名

作为全球最大的中文搜索引擎百度的创始人、董事长兼CEO，李彦宏的财富排名如下。

2011年，李彦宏以94亿美元成为福布斯全球富豪榜中的中国大陆首富。

2012年3月8日，以102亿美元身家列2012福布斯全球亿万富豪榜第八十六位，第二次成为中国大陆首富。

2013年11月，由于百度股价的一路上涨，李彦宏的净身价升到119亿美元，成为中国大陆第二大富豪。

2014年10月，在福布斯中文网发布的2014福布斯中国富豪榜中，李彦宏以147亿美元身家名列第二。

2015年4月20日，《福布斯》杂志中文版发布2015年福布斯中国富豪榜，李彦宏以153亿美元净资产排名第八。

【拓展阅读】 李彦宏之妻——马东敏

李彦宏之妻——马东敏

百度CEO李彦宏的夫人马东敏是安徽合肥人，生物学科博士，毕业于中国科技大学少年班，19岁即毕业出国，当时被誉为纽约留学生圈里的“公主”。在美国留学（美国新泽西州大学生物系）时和李彦宏认识。

2014胡润女富豪榜，马东敏以225亿财富值排名第五，成为榜单“黑马”。

1995年，李彦宏在纽约的一次中国留学生聚会上见到了马东敏。当时马东敏正在美国新泽西州大学生物系攻读博士学位。看到马东敏的第一眼，李彦宏就很有好感。之后，李彦宏经常发一些有用的信息到留学生常去的一个新闻组。

某日恰好有一条信息是马东敏急需的，她立即给李彦宏发去邮件咨询详情。李彦宏在回信里除巨细无遗的信息详情外，还附带了对马东敏简短的评价。他用“有魅力、有知识、大方得体”三个词直接表达了自己的好感。这三个词让马东敏在心里偷乐了好一阵，还来不及表态，秉承“三不”原则——不徘徊、不动摇、不跟风的李彦宏就展开了强烈的攻势：借书，“电影票多了一张”，组织聚会，参加相同的公益活动等，李彦宏不会死缠烂打，但发动群众为其造势的事没少干过。终于，连马东敏的朋友也倒戈了：“那个李彦宏是否还是单身？如果是单身，那就抓住。”谦和，说话很到位，但不造作虚伪，不会给人以被冒犯感，朋友的这些评价把马东敏对李彦宏的好感更推进了一点。恋爱3个月，李彦宏就把结婚的事摆上议程。马东敏也不拒绝，婚礼就定在1995的10月10日。

1995年10月的新泽西州已经能感受到深秋的凉意。没有教堂，没有婚宴，婚礼简单到只是找了一个法官认证一下。对这“寒酸”的结婚仪式最不满的，是马东敏的父亲。“这孩子怎么把块破布裹在身上了？”老人在合肥老家收到女儿寄来的结婚照后嘀咕。照片上的女儿穿的是条只适合在夏天穿的粉红纱裙——这是她翻箱倒柜找出的唯一一条礼服裙，女婿穿的是出国时带去的旧西装。

在回国创业前，李彦宏在硅谷当工程师，很快就在信息搜索领域里成为杰出专家，所以拥有华尔街道·琼斯子公司70多万股期权，在硅谷有了豪华别墅和名车。就在李彦宏为自己的成就感到洋洋得意，觉得种种花草也挺开心时，马东敏却对丈夫有着更高的要求。她认为李彦宏在信息技术领域是顶尖专家，应该独立创业。妻子的一席话，激发起李彦宏内心的创业激情，因此，他选择了回国创业，于是有了百度。

李彦宏说：“太太对我的影响非常大。她是个急性子，做出决定马上会行动，而我属于慢性子，考虑周全了才去做。我们的性格是互补的。我回国创业前在硅谷当工程师，觉得种种花草也挺开心的。但我太太鼓励我去开办公司。而那时候我希望做得更大些，并由自己去控制方向。因此，回国创业是最合适的选择。但这对她是一种挑战，一般出国的女孩子都更喜欢国外的环境。但为了我的事业，她毅然回国支持我，这是很不容易的。”

2004年，李彦宏决定让百度上市，正是妻子拉着他拜访华尔街专家后得到的详细分析论证，给足他冲刺的勇气。2005年8月5日，百度登陆纳斯达克，诞生了9位亿万富翁、30位千万富翁和400位百万富翁。2007年11月，胡润IT排行榜公布，李彦宏以180亿身价排名第一。

在曼哈顿举行的百度上市成功大型庆祝晚会上，当无数闪光灯和话筒对准财富英雄李彦宏时，李彦宏温情地把妻子马东敏揽到前排，他举起酒杯，深情地说：“百度精神里有一种勇气，而我的妻子马东敏博士，则是这勇气的来源。她总能在关键时刻，冷静地提出最勇敢的建议。事实证明，她的那些充满东方智慧的建议，将我引上了正确的道路。”

“回国创业的‘海归’的离婚率是很高的。但是，现在我太太和孩子都回国了。”说到这儿，李彦宏笑了笑，清秀英俊的脸庞流露出无限的温馨与幸福。当我们问情人节送给妻子什么礼品时，李彦宏深情地说：“我做得好就是给她最好的礼品。”

第二节　李彦宏其事

李彦宏的学生生涯

李彦宏是个标准的学霸，先是在让人望而兴叹的高等学府北京大学读书，之后又去美国留学。

北大骄子李彦宏

1968年，李彦宏出生在山西阳泉一个普通的工人家庭。年少时对戏曲着迷，曾被山西阳泉晋剧团录取。后来，李彦宏的姐姐考上北京大学，李彦宏受其影响，回归“主业”，发奋学习，如愿以偿地考上当地最好的高中——阳泉一中。

1987年，李彦宏以阳泉市第一名的成绩考上了北京大学图书情报专业（即现在的信息管理专业）。然而，迈进中国最高学府的激动心情，渐渐被图书情报学的枯燥、乏味消融。李彦宏说：“那时候，中国的氛围较为沉闷，大学毕业进入机关单位，已经是非常好的选择了。在我看来，选择出国是一条自然而然的道路。”

从大三开始，李彦宏买来托福、GRE等书，心无旁骛地过着“教室—图书馆—宿舍”三点一线的生活，目标是去美国留学，方向锁定在计算机专业。

加入留学热潮

1991年，李彦宏收到美国布法罗纽约州立大学计算机系的录取通知书。“现在回想起来，觉得当时挺苦的，但年轻就应该吃苦。”李彦宏如此评价在美国的求学经历。

李彦宏的出国不是一帆风顺的。而李彦宏用努力证明自己“行”，他白天上课，晚上补习英语、编写程序，经常忙碌到凌晨2点。

就是这样，在学校学习1年后，李彦宏顺利进入日本松下公司实习。李彦宏在松下3个多月的实习对其后来职业道路的选择起到了至关重要的作用。

【拓展阅读】 布法罗纽约州立大学申请条件

布法罗纽约州立大学申请条件

布法罗纽约州立大学申请条件如下表所示。

布法罗纽约州立大学申请条件列表

	本科	研究生
开学时间	每年1月1日，9月1日	每年9月1日
申请截至日	每年2月1日、9月1日	大部分专业：12月1日； 工程类：1月1日
留学费用	20259.0 美元/年	33163.0 美元/年
IELTS分数要求	6.5	6.5（单项分数不低于6.0）
TOEFL分数要求	89.0	89.0
SAT总分	1570.0	
SAT单科要求	无	
高中GPA	3.0	3.5
	注：具体要求可能因专业而异	

李彦宏的工作经历

李彦宏说："硅谷给予我最大的感触是，希望通过技术改变世界，改变生活。"

任职华尔街

1994年暑假前，李彦宏收到华尔街一家公司即道·琼斯的子公司的聘书。而在实习结束后，李彦宏的研究成果得到领域最权威人物的赏识，相关论文发表在该行业最权威的刊物上，这对其以后的博士论文会很有帮助。然而那时候，中国留学生中读博士的学生一旦找到工作就会放弃学业。最开始，李彦宏认为自己不会这样。但该公司的老板也是个技术专家，他对李彦宏的研究非常赏识。士为知己者死，于是李彦宏离开学校，接受了道·琼斯的子公司高级顾问的职位。

在华尔街的三年半时间里，李彦宏每天都与实时更新的金融新闻打交道，先后担任了道·琼斯子公司高级顾问、《华尔街日报》网络版实时金融信息系统设计人员。

【拓展阅读】 道·琼斯公司

道·琼斯公司

道·琼斯公司创立于1882年，旗下拥有以对商业、财经领域进行深度分析报道的《华尔街日报》报系和提供实时财经报道和市场评论的道·琼斯通讯社，以及知名投资刊物《巴伦周刊》等。其中，《华尔街日报》是美国历史最悠久的报纸之一，发行量全国第二，是美国乃至全球商务人士的必读物。

道·琼斯公司是世界一流的商业财经信息提供商，同时也是重要的新闻媒体出版集团，总部在美国纽约，旗下拥有报纸、杂志、通讯社、电台、电视台和互联网服务，在全球拥有近1700名新闻从业人员。道·琼斯编发的股票价格指数更是家喻户晓。

创刊于1889年的《华尔街日报》是道·琼斯公司的旗舰报纸，该报连同各种语言的专版在全球的发行量约为1900万份，是最具影响为的财经报纸。《亚洲华尔街日报》和《华尔街日报欧洲版》是其姊妹报，分别在香港和布鲁塞尔编辑出版。除报纸之外，道·琼斯公司还出版《远东经济评论》《巴伦周刊》和《财智月刊》等杂志。

道·琼斯公司还针对财经专业人士的需求，提供全天候的信息服务，包括财经报道和市场评论，服务领域覆盖证券、资本、外汇、商品和能源市场。

道·琼斯公司也是电子出版领域的先驱。2002年中文网络版面世，向全球华语读者提供最新、最权威的中文财经信息。

道·琼斯公司编制发布4000多种指数，其中包括道·琼斯工业股票平均价格指数（即道·琼斯指数）、道·琼斯全球股票指数、道·琼斯互联网股票指数，以及专门为中国市场编制的道中、道中88、道沪及道深指数。

道·琼斯公司分别于1993年在北京、1995年在上海成立中国代表处。道·琼斯旗下几大媒体已向中国派驻常驻记者，代表处规模超过其他任何一家国际媒体在中国的报道机构。

道·琼斯公司在中国的业务还包括道·琼斯中国指数系列。于1996年道·琼斯工业股票平均价格指数创立100周年之际推出的四个道·琼斯指数，旨在跟踪中国新兴的股票市场的表现。另外，道·琼斯公司还积极参与商务会议的举办，并与亚洲协会及其他机构共同在中国主办了各种会议。其中，2002年5月与北京大学中国经济研究中心共同举办中国工商峰会受到了与会者的热烈欢迎，影响深远。

在中国，道·琼斯公司还不遗余力地支持道·琼斯全球出版业务的发展，并以组合道·琼斯海外媒体的方式为中国政府和商业客户提供海外宣传的有效平台。同时，还致力于提高《亚洲华尔街日报》《华尔街日报简讯：中国商业》和《远东经济评论》在中国的发行量。

此外，道·琼斯商业资讯查询系统Factiva在中国也拥有大量企业用户。

转战硅谷

1997年，李彦宏离开华尔街，前往硅谷著名搜索引擎公司Infoseek（搜信）公司，受邀出任主任工程师。

李彦宏首创ESP技术，并将它成功地应用于Infoseek/GO.COM的搜索引擎中。他首先解决了如何将基于网页质量的排序与基于相关性的排序完美结合的问题，并因此获得了美国专利。

在硅谷的日子，给李彦宏最大影响的是商战气氛。他经常翻看《华尔街日报》，比如微软如何跳出来公然反抗IBM，又怎样以软件教父的身份对抗SUN、网景等等，这些鲜活的故事也让李彦宏感觉到技术本身并不是唯一的决定性因素，商战策略才是真正决胜千里的因素。

1998年，《硅谷商战》应运而生。李彦宏用章回小说体讲述美国硅谷的真实故事——高科技企业间惊心动魄、风云变幻的现代商战。新技术、新概念、新思路、新的商业竞争游戏规则开创了一个新的时代，谁掌握好游戏规则，谁就能运筹帷幄，决胜千里。

【拓展阅读】 Infoseek公司

Infoseek公司

1993年6月第一个搜索引擎World Wide Wed Wanderer和10月第二个搜索引擎ALIWeb出现后，1994年1月，Infoseek（搜信）公司创立，其搜索服务稍后才正式推出。

Infoseek是早期最重要的搜索引擎之一，允许站长提交网址是从Infoseek开始的。

百度创始人李彦宏是Infoseek公司的核心工程师之一，1996年，在硅谷的一次学术会议后，搜索引擎公司Infoseek的威廉·张极力说服李彦宏去Infoseek。威廉·张创造了第一代Infoseek公司，而罗宾·李（李彦宏的英文名）则创造了第二代Infoseek。

Infoseek是Infoseek公司于1995年2月推出的万维网搜索引擎，它是一个综合网点，提供很多有用的附加服务，包括通过电子邮件发送新闻、外国语检索、按地理区域的检索以及个人的金融文件夹等，Infoseek庞大的全文数据库保证了查全率，而它独特的检索算法和一些新增加的检索功能则提高了查准率，因此检索精度高，使得它由一个检索工具变成一个强大的信息服务中心。

Infoseek有基于robot的数据发掘技术，并支持搜索结果相关性排序，并且在搜索结果中使用了网页自动摘要。

其发展历史如下。

1993年6月第一个World Wide Wed Wanderer和10月份第二个搜索引擎ALIWeb出现。

1994年1月，Infoseek公司创立，其搜索服务稍后才正式推出。

1995年12月，Infoseek成为网景浏览器的默认搜索引擎。网景成为当时浏览器市场的绝对统治者。

1998年中，迪斯尼成为Infoseek的控股公司，将Infoseek转型为门户。

归国创业

李彦宏在海外的8年时间里，中国互联网界正发生着翻天覆地的变化。从1995年起，李彦宏每年都要回国进行考察。

1999年，李彦宏认定环境成熟，于是启程回国，在北大资源宾馆租了2间房，连同1个财会人员、5个技术人员，以及合作伙伴徐勇，一行8人，开始了创建百度公司的工作。

百度李彦宏：通过创业挣钱是最苦的一条路

2015年5月4日，“创客中国·新青年行动”项目正式启动。本次活动邀请了许多业界大咖作为导师，共同指导青年创业者。作为一名创业过来人，百度公司创始人、董事长兼首席执行官李彦宏告诉青年创业者：“想通过创业挣钱是最苦的一条路。”

黄金创业组合：百度技术+腾讯产品+阿里运营

一个百度搞技术的人，加上一个腾讯搞产品的人，再加上一个阿里搞运营的人，这样的组合拿到创业资本是最容易的。

2015年4月30日，百度公布了2015年第一季度的财报。在出席财报电话会时，李彦宏说："目前互联网行业，尤其是移动互联网还处于发展的初期，总会有新公司出现，有老公司退出。"

作为以技术起家的创业者，李彦宏一直都很注重技术。"和阿里、腾讯这些公司相比，百度的主要特点是：技术是我们更重视、也更擅长一些的事情。对于百度来说，就是希望未来能够利用技术更好地为用户服务。"

李彦宏说，现在创业热潮非常火，有各种各样的VC在百度大楼旁边的咖啡馆里长期驻扎，天天在那里和百度的员工谈，想把他们"忽悠"，去创业。"因为他们觉得，一个黄金的创业组合是什么呢？就是一个百度搞技术的人，加上一个腾讯搞产品的人，再加上一个阿里搞运营的人，这样的组合拿到创业资本是最容易的。"

坚持心中有梦：做自己喜欢和擅长的事

希望所有的青年创业者都心中有梦，放弃不切实际的幻想，更加专注、更加有针对性地去做一些自己喜欢、擅长的事情。

李彦宏认为，创业者必须认准目标，坚持梦想。一些过去抱有的、不切实际的幻想，现在都可以放弃掉了，应该更加专注、更加有针对性地去做一些自己喜欢、擅长的事情。"我希望所有的青年创业者都心中有梦，有胸怀祖国的大志向，认准目标，不跟风、不动摇，早日实现自己的创业梦想"

李彦宏说："按照国家目前的发展趋势，我想，到2040年，中国一定会重新成为世界上最强大的国家，而我们这一代人，或者说这几代人，正好经历了这个过程，生逢其时，这是非常幸运的。作为一个青年创业者，在这个过程当中，尽了自己的努力，做了自己力所能及的事情，当那一天到来的时候，想一想自己为国家和社会所做的贡献，那该是一个多么令人兴奋的时刻。"

回顾创业初衷：原动力不是赚钱

李彦宏提醒创业者，"并不是每个人都适合创业。最成功的创业者创业的初衷不仅仅是为了赚钱。"李彦宏说："通过自己的体会和跟很多成功企业家的交流，我发现大家创业最开始的原动力都不是为了赚钱，这一点可能和很多人想象的不一样，其实通过创业挣钱是最苦最累的一条路。"

回想起百度的发展过程，李彦宏说："很多人问我有没有想到百度会有今天这样的成功，我说我既想到又没想到，想到的是什么？想到的是有一天有几亿人在用我做出来的东西，没有想到的是这个搜索引擎这么赚钱。这个对于所有创业者来说算是一个忠告，你真的要信仰这个东西，否则你不适合做。”

在决定创业时，李彦宏在搜索引擎技术方面，已可以排在全世界前三位。而李彦宏的执着、专注和专业又在业内有口皆碑，从而赢得投资者的青睐。事实上，百度的创业之路期间不乏惊心动魄的风云变幻——激烈的董事会争辩、合作伙伴的退出、商场无情的竞争等重重挑战，都在不时地考验和冲击着李彦宏。但李彦宏一直保持淡定、从容，随着资本的不断增加、技术的不断成熟，百度有了一日千里的快速发展。

李彦宏创业语录

不要轻易将主动权交给投资人，在创业的过程中没有人会乐善好施。

生活与工作一样，一切都应该立足于实际。

做自己喜欢做的事情，做自己擅长做的事情。

不走康庄大道，我自己喜欢做什么要比别人怎么看我更重要。

不要对自己开创的公司死守着不放——这是我经过很多惨痛教训才明白的道理，并不是所有打天下的人都适合坐天下。

很多时候企业是在不受人关注的时候成长起来的，对于百度这样的公司我们在成长过程当中不仅没有受到国际巨头的关注，而且也没有受到外界包括媒体的很多关注。

金钱不是最重要的，重要的是你是不是在做你喜欢做的事情，是不是有一个幸福的生活。

我选择放弃博士学位来进行创业，并不是为了钱，而是真的出于对这个行业的热爱。

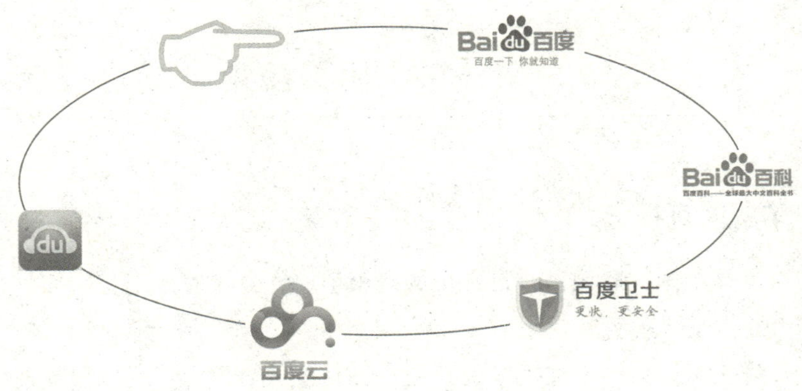

第三章 百度公司，是个大家族

导言：

搜索引擎已经是互联网上最重要的应用之一，然而作为全球最大的中文搜索引擎，百度公司不仅是在搜索引擎上拥有引人注目的成就，其开发的很多产品都是广大群众生活中不可或缺的。

第一节 网页搜索

了解网页搜索

百度是中国互联网用户最常用的搜索引擎，每天完成上亿次搜索，也是全球最大的中文搜索引擎。

作为全球最大的中文搜索引擎公司，百度一直致力于让网民更便捷地获取信息，找到所求。用户通过百度主页，可以瞬间找到相关的搜索结果，这些结果来自于百度超过百亿的中文网页数据库。

百度网页搜索就是用户在搜索框内输入需要查询的内容，敲回车键，或者单击搜索框右侧的“百度一下”，得到符合用户查询需求的网页内容的过程。

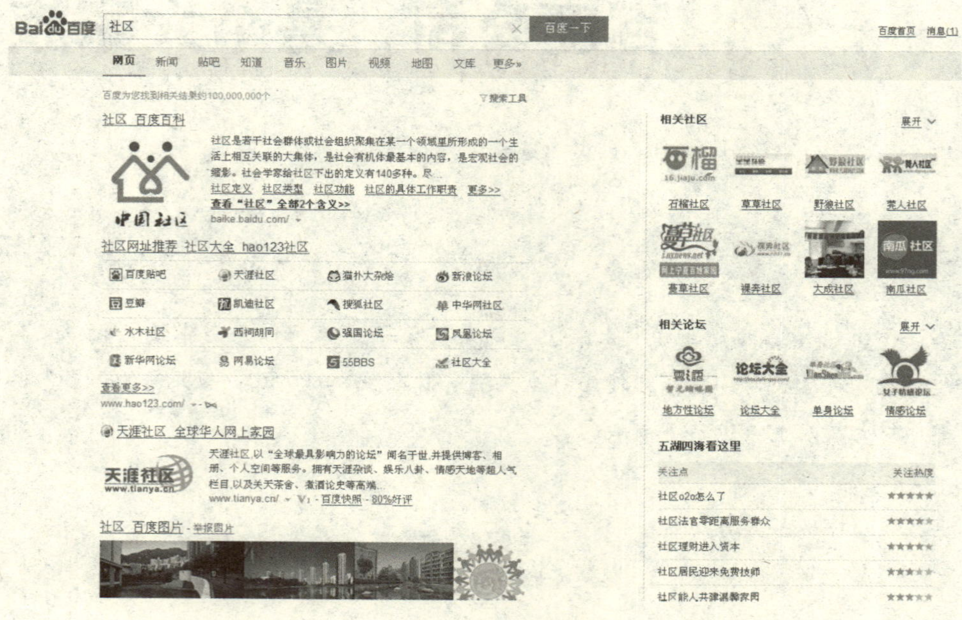

百度网页搜索结果截图

百度网页搜索特色功能

百度网页搜索特色功能如下图所示。

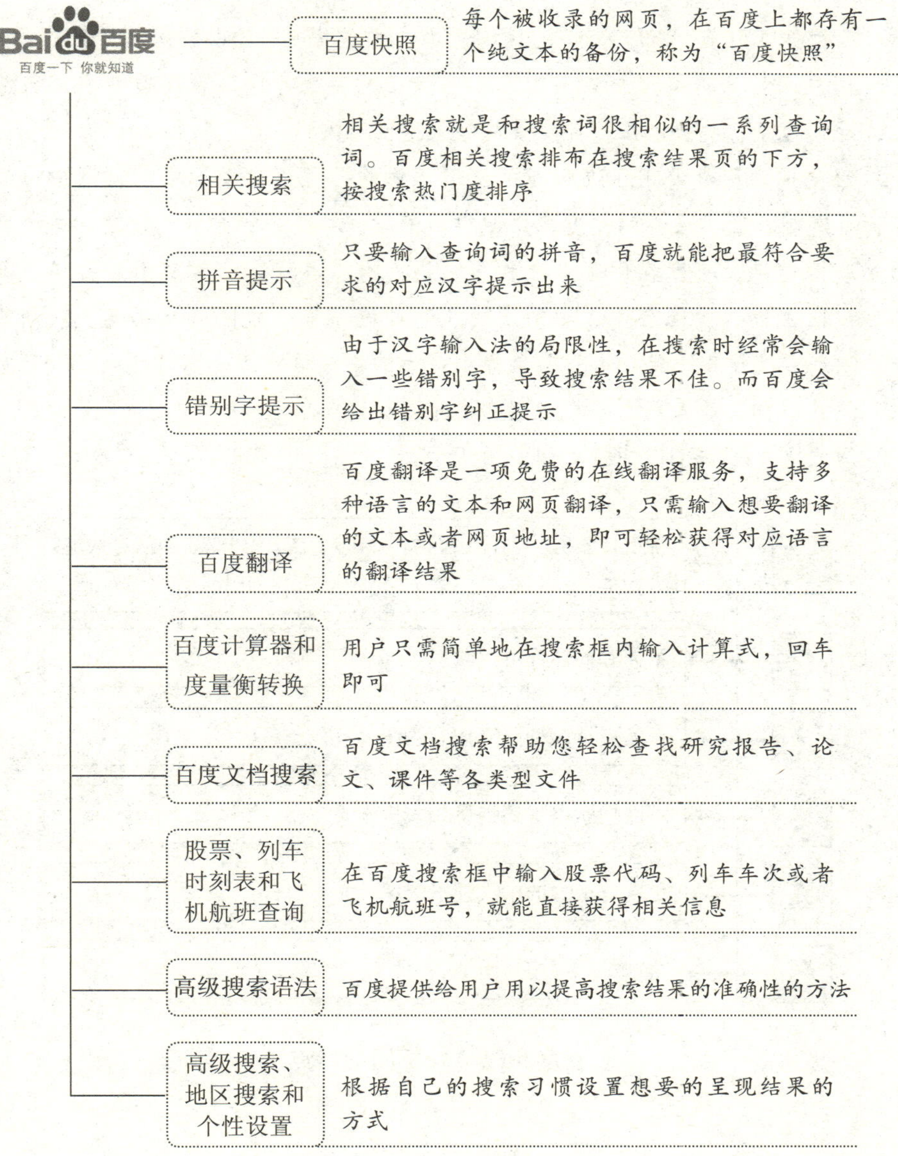

百度网页搜索特色功能

【拓展阅读】 百度搜索引擎的特点

百度搜索引擎的特点

百度搜索引擎由四部分组成：蜘蛛程序、监控程序、索引数据库、检索程序。

门户网站只需将用户查询内容和一些相关参数传递到百度搜索引擎服务器上，后台程序就会自动工作并将最终结果返回给网站。

百度搜索引擎使用了高性能的“网络蜘蛛”程序自动地在互联网中搜索信息，可定制、高扩展性的调度算法使得搜索器能在极短的时间内搜集到最大数量的互联网信息。百度在中国各地和美国均设有服务器，搜索范围涵盖了中国大陆、中国香港、中国台湾、中国澳门、新加坡等华语地区以及北美、欧洲的部分站点。百度搜索引擎拥有目前世界上最大的中文信息库，总量达到6000万页以上，并且还在以每天几十万页的速度快速增长。

百度和Google不同的特点如下图所示。

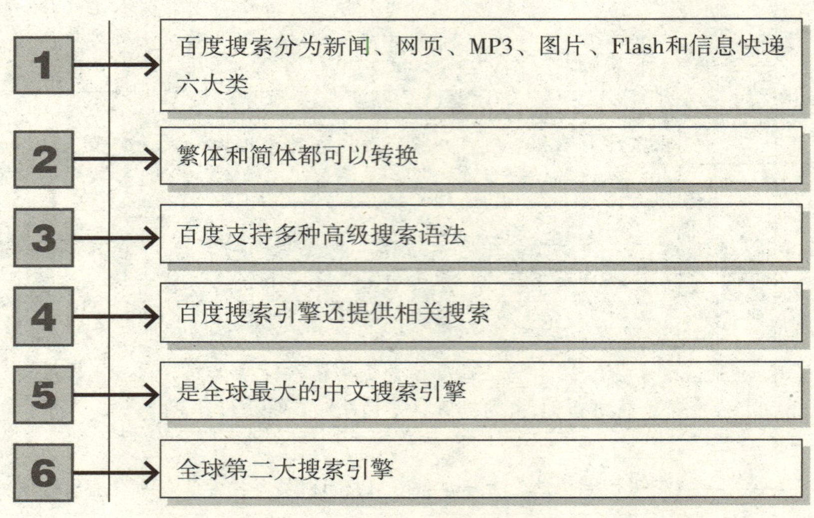

百度和Google不同的特点

第二节　垂直搜索引擎

百度秉承“用户体验至上”的理念，除网页搜索外，还提供MP3、图片、视频、地图等多样化的搜索服务，给用户提供更加完善的搜索体验，满足用户多样化的搜索需求。

什么是垂直搜索引擎

垂直搜索引擎是针对某一个行业的专业搜索引擎，是搜索引擎的细分和延伸，是对网页库中的某类专门的信息进行一次整合，定向分字段抽取出需要的数据进行处理后，再以某种形式返回给用户。垂直搜索引擎是针对通用搜索引擎的信息量大、查询不准确、深度不够等提出来的新的搜索引擎服务模式，通过针对某一特定领域、某一特定人群或某一特定需求提供有一定价值的信息和相关服务。其特点就是“专、精、深”，且具有行业色彩，和通用搜索引擎的海量信息无序化相比较，垂直搜索引擎显得更加专注、具体和深入。

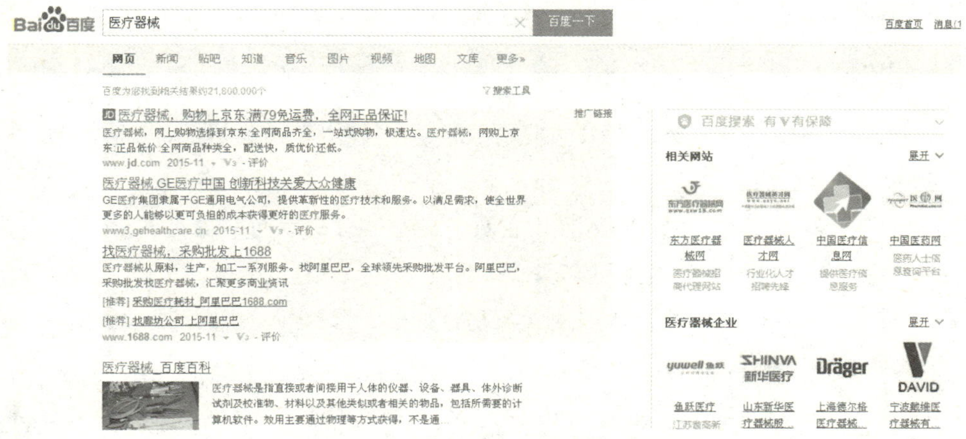

百度垂直搜索引擎结果截图

垂直搜索的特点

垂直搜索的特点如下图所示。

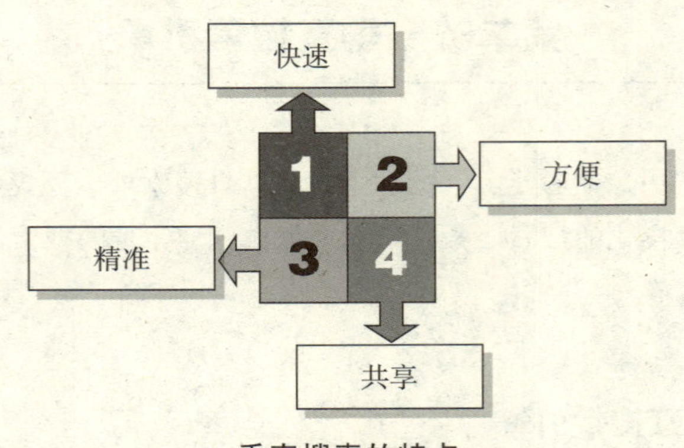

垂直搜索的特点

快速

（1）中文直达。可直达各大知名网站、论坛、联盟站点，数据实时更新，中文直达服务让用户搜索一步到位。

（2）关键词直达网站。商家可以提交自己的关键词，让客户输入关键词直达您的网站，增加无限商机。

（3）站内直达。直达网站内各频道、栏目，站内直达为在网站的用户提供全方位服务。

方便

（1）功能强大。提供强大的搜索功能， 多款引擎随时切换， 让用户操作变得更加轻松便捷。

（2）搜索发现。用户进入搜索首页，浏览器会提示用户发现了新的搜索引擎， 并可将其设为默认搜索引擎。

（3）内容全面。聚合常用搜索及垂直搜索， 聚合各大热门搜索引擎， 拥有多项搜索多重性能。

（4）完美兼容。界面设计符合标准， 在不同内核的浏览器上均可正常使用。

（5）安全第一。收录大量网上银行、证券、股票、咨询、新闻等网址，用户不再担心会进入钓鱼网站，所有直达关键词网站，均严格经过各项指标的检验，防止用户进入使用虚假广告、贩售假冒产品、传播不良信息的商家网站。

共享

结合网站，按用户需要生成不同样式、不同功能的搜索框代码，轻松地将搜索服务与网站结合。

精准

垂直搜索引擎一般都提供了比较精准或者细化的搜索服务，因此使用垂直搜索引擎有时候能取得更精准的搜索结果。

垂直搜索的结果来源

垂直搜索的结果来源主要体现在内容来源和数据来源两个方面。

内容来源

垂直搜索的内容来源包括下图几个方面。

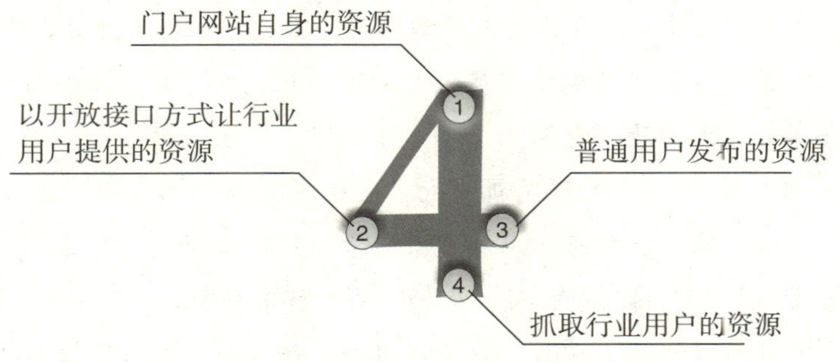

垂直搜索的内容来源

数据来源

垂直搜索的数据来源包括下图几个方面。

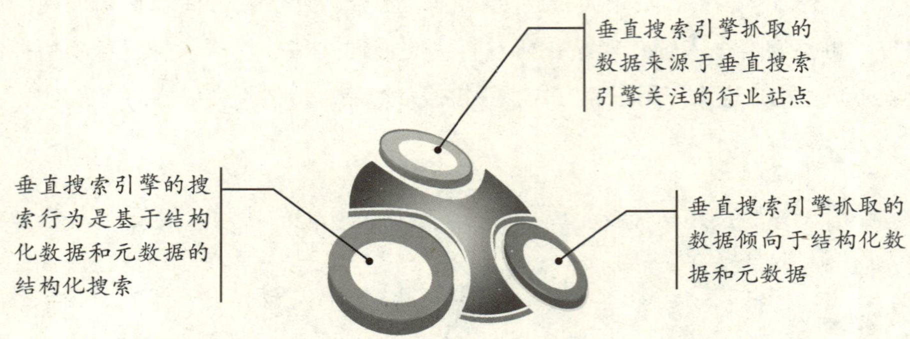

垂直搜索的数据来源

相关链接

百度与北京工商局合作　将研发新一代商务网站垂直搜索引擎

2015年10月12日，百度与北京市工商行政管理局（以下简称“北京市工商局”）正式签署合作协议，根据协议，北京市工商局与北京百度网讯科技有限公司将在实施企业信用管理、应用新型垂直搜索引擎技术等方面展开合作。

据介绍，百度多款产品将接入北京市工商局。北京市工商局将借助百度推出的网络服务产品，逐步释放北京企业异常名录，以及其他企业信用管理信息。

北京市工商局支持百度独立发展企业信用管理服务产品，以推动首都企业信用管理社会共治模式的总体进程。

应用新技术方面，优先研发新一代“主体（商务网站）垂直搜索引擎”；适时研发“客体（商品、服务）垂直搜索引擎”；择机研发“行为（违法经营线索）垂直搜索引擎”；持续优化投入运行的垂直搜索引擎。

此外，除上述合作内容以外，双方还可在电子政务、消保维权和公众服务等方面，有计划、分步骤地开展具体合作。

百度副总裁朱光现场表示，百度是技术驱动公司，一直希望通过技术手段改变人与人、人与物的连接方式。但是单靠百度的力量维护网民权益只是杯水车薪，因此与北京市工商局合作能够更好地服务大众。

第三节　社区产品

什么是社区产品

信息获取最快捷的方式是人与人直接交流，为了让那些对同一个话题感兴趣的人们聚集在一起，方便人们展开交流和互相帮助，百度贴吧、百度知道、百度百科、百度空间等围绕关键词服务的社区化产品也应运而生，而百度Hi的推出，更是将百度所有社区产品进行了串连，为人们提供了一个表达和交流思想的自由网络空间。

网上社区是指包括BBS/论坛、贴吧、公告栏、群组讨论、在线聊天、交友、个人空间、无线增值服务等形式在内的网上交流空间，同一主题的网络社区集中了具有共同兴趣的访问者。

百度社区产品就是指百度为用户开发的网上社区服务，如下图所示。

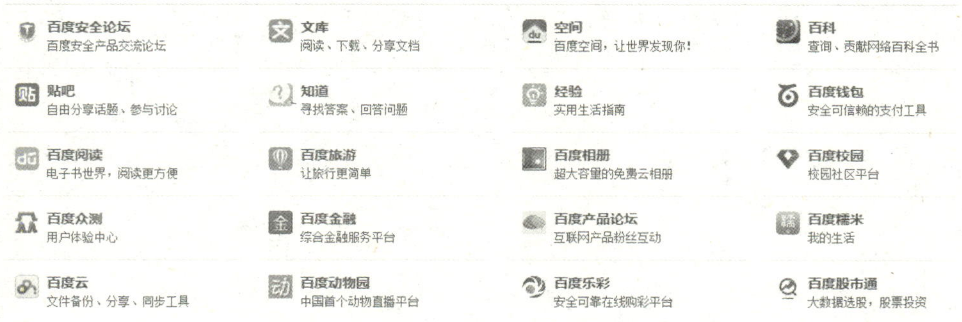

百度社区产品截图

百度贴吧

百度贴吧也称贴吧，是百度旗下的独立品牌，全球最大的中文社区。贴吧的创意来自于百度首席执行官李彦宏：结合搜索引擎建立一个在线的交流平台，让那些对同一个话题感兴趣的人们聚集在一起，方便人们展开交流和互相帮助。贴吧是一种基于关键词的主题交流社区，它与搜索引擎紧密结合，准确地把握用户需求，为兴趣而生。

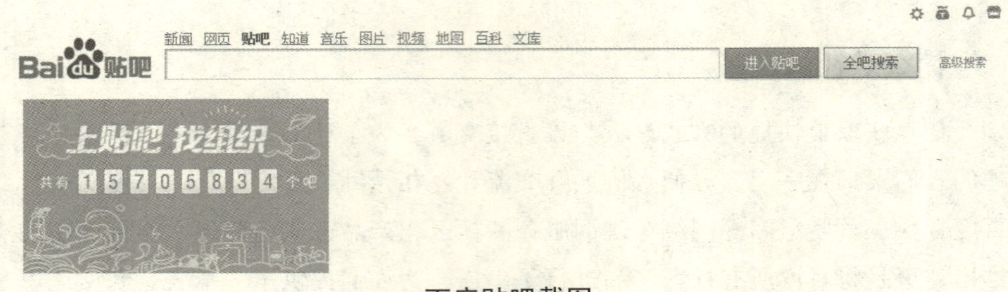

百度贴吧截图

【拓展阅读】 贴吧大事记

贴吧大事记

2003-11-25：贴吧开始内测，同年12月1日贴吧页面定型。

2003-12-03：贴吧正式上线，搜索引擎步入社区化时代，并且贴吧出现在百度首页位置上。

2003-12-04：贴吧首页正式出炉，页面中间是一个搜索框，一段文字描述，再加上很多贴吧的指引。

2004-03-26：贴吧首页改版，搜索框下增加了两项选择，更改了文字描述，优化了分类。

2004-06-07：贴吧首页改版，精简了分类，同时首页出现登录选项。

2004-07-01：从这一天起，手机也可以登录贴吧了。

2004-08-11：贴吧首页改版，搜索框下方加上了按作者搜索，同时出现了热门帖子推荐。

2004-10-10：贴吧首页改版，去掉了商业化内容。

2004-12-08：贴吧首页改版，热门帖子变更为最新关注。

2004-12-03：贴吧1周年庆典在北京新世纪饭店举行（线下活动）。

2005-03-08：贴吧首页改版，更新分类，同时更新首页描述。

2005-02-24：吧主吧正式改革，不再作为百度官方贴吧受理站务，而是转变成为吧主提供活动与交流的平台。

2005-07-26：贴吧首页改为全新的分类展现方式，并去掉了首页描述。首页搜索框右侧增加了注册和登录选项，搜索框下方有时会出现链接，同时首页有时会出现专题。

2005-12-18：贴吧2周岁吧友见面会于北京举行（线下活动）。

2006-02-06：春节将至，贴吧推出了“春节传统习俗完全手册”，让贴吧里更加有过年的味道。

2006-05-29：贴吧周刊正式开刊，大家汇聚一堂积极参与，十二精品吧也正式启用。

2006-06-20：贴吧新首页隆重上线。

2006-07-09：贴吧首页全新改版，首页内容更加丰富。

2006-08-11：贴吧首页又一次进行改版，拥有更多内容，更多贴吧相关的资讯。

2006-11-03：贴吧3周年系列活动正式拉开序幕，一转眼贴吧已3周年了。

2006-12-13：继2006年8月贴吧首页再次改版后再次改版，拥有更多内容，更多贴吧相关的资讯。

2006-12-30：百度圈子功能正式上线，将贴吧与空间有机地结合起来了（该功能现已取消）。

2007-03-06：贴吧在线吧务日志功能上线，贴吧功能更加完善。

2007-10：贴吧新增图片库、档案、自定义链接等新功能。

2007-12：贴吧视频功能正式上线。

2008-01-11：贴吧志愿者联盟（TBVA）正式成立。

2008-05：贴吧在社会大事件面前发挥力量做贡献——汶川寻人。

2008-08：发挥优势做好东道主。贴吧“点燃激情传递梦想”活动在贴吧热辣开启，吧友积极参与其中，并用自己的方式和力量为祖国大事奉献力量；奥运期间，贴吧携阿迪达斯打造线上奥运竞猜互动平台；贴吧100℃与伊利集团共同发起了“寻找我的奥运坐标，点亮100个奥运梦想”大型巡回活动。

2008-11-29：贴吧5周年“5“公”盖世，“益”呼百应”城市公益行动在世界各地陆续开展；以“环保、助学、助孤、助幼、助残”为主题的系列线下公益活动，取得空前的成功。

2008-12-12：贴吧5周年大型线上晚会隆重举行。

2009-07-16：“贾君鹏”蹿红，吧友智慧影响网络文化。贴吧成为网络流行语、文化现象的策源地。

2009-07-30：校园类贴吧全面升级为“贴吧校友录”模式。

2009-11-02：贴吧SNS产品i贴吧正式上线，贴吧社交网络化加速。

2009-12-22：贴吧首页再度改版，焕然一新。

2009-12：百度正式获得“贴吧”商标所有权，贴吧独立域名正式启用。

2009-12：贴吧推出国内首款互动营销产品“百度灯塔”帮助企业聚集消费者开展互动营销活动。

2009-12-23：“爱贴吧百人会”创立，作为贴吧官方承认的热门贴吧吧主专属组织。

2010-02-05：贴吧地图功能上线。

2010-03-29：贴吧商城隆重开张，显示贴吧的多元化趋势。

2010-03-31：贴吧正式成立“吧盟”为吧主提供各种线上、线下活动申请及官方给予支持的相关服务。

2010-04-08：贴吧宣布垃圾信息量已不足信息总量的1%，我国网络社区反垃圾信息处理技术已处于世界领先水平。

2010-05-08：在贴吧平台开展“爱心包裹”关爱活动，带动爱心捐赠近3000万元。

2010-06-08：贴吧正式推出同人频道，为全体网民打造互联网上最大的同人创作分享平台。

2010-06-09：贴吧自主开发的首个SNS游戏“世界杯竞猜”上线，在2010年南非世界杯期间有超过1600万人次参与。

2010-06-22：蔡依林吧发帖数破亿，成为百度第一个帖子数破亿的贴吧。

2010-06-23：贴吧SNS产品i贴吧注册用户数突破4000万。

2010-07-27：日本百度贴吧网站正式开放。

2010-08-04：贴吧正式推出电子杂志服务吧刊，推进中文互联网进入用户共同创造精品内容的时代。

2010-08-06：贴吧聊聊看上线。

2010-12：百度贴吧客户端闪亮登场。独有的创新功能，为移动端用户带来全新的使用体验。

2011-03-23：贴吧发帖新增本地上传图片功能。

2011-05-25：贴吧首页全新改版，信息量超多的巨无霸首页诞生了。

2011-06-15：贴吧支持发帖输入“@+贴吧id”提到某人的功能。

2011-11-09：贴吧8周年线下聚会在北京举行。

2012-05-22：新版贴吧重磅上线，楼中楼功能横空出世。

2012-06-07：全新贴吧个人主页闪亮登场。

2012-10-20：首届吧主大会首场预热沙龙在郑州举办（线上活动）。

2012-10-21：首届吧主大会第二场预热沙龙在南京举办（线上活动）。

2012-10-26：首届吧主大会在北京隆重举办（共3天），贴吧邀请近百位知名吧主云集北京，共述贴吧故事，展管理才华，享吧主荣耀（线下活动）。

2012-12-02：贴吧9周年线上生日庆典晚间首播，吸引了百万吧友在线观看。

2012-12-28：吧主大学上线，吧主大学是百度贴吧以线上吧主教育课程结合线下吧主训练营的方式，面向贴吧吧主群体建立的学习交流体系。

2013-08：平台化贴吧官方平台飞跃发展。搭建贴吧官方平台，为吧友与企业/事业等嫁接桥梁。

2013-09：贴吧实现语音发帖功能，让社区更潮流。

2013-11：创新性开启移动互联网群聊时代。贴吧开启社区华彩新篇章，为社区平台带来划时代的飞跃：群聊功能让兴趣相投的吧友有一个私密交流的空间。

2013-11-22：贴吧T豆商城上线，将贴吧用户体验做到极致。

2014-12-27：百度网友通过多个贴吧集结参加“北京地铁大通关”地铁运转活动的人马，活动的参与者是全国各地的地铁爱好者，本次地铁运转活动由百度网友发起与组织，也是贴吧问世11周年以来首次由民间人士组织的线下活动。

2015-01-13：国家网信办声明，将全面推进网络真实身份信息的管理，包括微博、贴吧和网站等均实行实名制。

百度百科

了解百度百科

百度百科是百度公司推出的一个内容开放、自由的网络百科全书平台，其测试版于2006年4月20日上线，正式版于2008年4月21日发布，截至2015年11月3日，收录词条数量已达12634854个。

百度百科logo

百度百科旨在创造一个涵盖各领域知识的中文信息搜集平台。百度百科强调用户的参与和奉献精神，充分调动互联网用户的力量，汇聚上亿用户的头脑智慧，鼓励用户积极进行交流和分享。同时，百度百科实现与百度搜索、百度知道的结合，从不同的层次上满足用户对信息的需求。

百度百科首页截图

百度百科首页截图

百度百科特色功能

百度百科的特色功能如下图所示。

功能一　百度百科数字博物馆

是百度百科与全国的知名博物馆合作，共同开发的互联网平台。通过音频讲解、实境模拟、立体展现等多种形式，让用户通过互联网即可身临其境地观赏珍贵展品，更便捷地获取信息、了解知识。这实现了电脑端和手机端的同步展现，让用户随时随地都能感受到历史文化的沉淀

功能二　城市百科

是百度百科与地方政府共建城市百科中的落地项目，每个城市根据自身情况，在各自的城市百科中描述包括历史、文化、旅游、人物、美食、建设等多方面内容，政府还可通过城市百科发布城市热点新闻和资讯信息。一方面，网友足不出户即可了解到最全面、最及时的城市信息；另一方面，由于所有的内容均经过政府认证，保证了城市百科内容的权威性和准确度，用户只需在百度搜索查询具体的城市名称，就能看到该城市的网络名片页面

功能三　企业百科

由百度百科向企业提供的基于企业类词条的品牌管理方案。企业百科是百度百科在企业词条的基础上提供的一项增值服务

功能四　明星百科

通过百度百科与经纪公司的合作，或百科明星团与粉丝的合作，以提升明星词条质量并对页面进行升级为目的，打造一站式明星聚合页，包括明星大图、百科专属VCR、明星动态、鲜花榜以及其他特型等

功能五　医疗词条“彩虹计划”

通过对4万个医疗类常用百科词条进行锁定、邀请权威医学专家进行认证编辑的方式，为广大网友提供更为权威、专业的医疗卫生知识分享平台。锁定后的医疗类词条将不再接受普通网民的修改

功能六　任务系统

在该系统中，活动的发起、参与编辑、词条评审（百科任务评审团成员负责）等全由科友负责，任务自主性更高，科友可组队完成，同时根据任务难易度的不同，还可获得财富值奖励及实物奖励。初级优质、特色词条申请，导师计划都在百科任务系统中开展

功能七　百科商城

百科商城是百科用户可以消费财富值，兑换编辑特权、精彩形象、精美实物礼品的系统

百度百科的特色功能

相关链接 》

网上探秘东北民俗　百度百科数字博物馆添新成员

东北师范大学东北民族民俗博物馆登陆百度百科数字博物馆，以现代化的数字科技方式，为我们展现了从古代到现代的东北文化全貌。

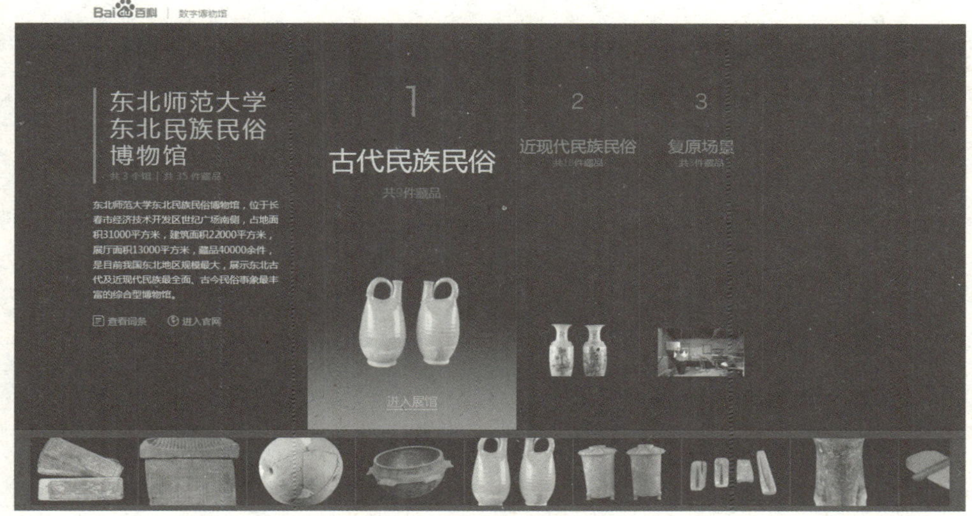

东北民族民俗博物馆的线上展厅截图

通过在百度百科数字博物馆首页查找“东北师范大学东北民族民俗博物馆”，就可以点击进入东北民族民俗博物馆的线上展厅。数字展馆共分为“古代民族民俗”“近现代民族民俗”以及“复原场景”三部分，网友进入展馆后不仅可看到全馆藏品，还可通过翔实的讲解了解展品背后的故事，语音讲解等多媒体手段让人能更轻松地探秘。除整个数字博物馆在线上展出之外，与百度百科词条、博物馆官网的打通，也极大地丰富了展馆内容。

此次百度百科数字博物馆与东北师范大学东北民族民俗博物馆的合作，将传统博物馆的展品优势与互联网平台的传播优势相结合，强强联合实现了数字博物馆产业的升级。从发展的角度看，这也符合当前传统博物馆的发展趋势，通过百度百科数字博物馆，能够解决传统博物馆接待能力有限、传播效率低的劣势，加速“互联网+”在历史文化产业中的落地。

据了解，百度百科数字博物馆是百度百科的大型公益科普项目，通过音频讲解、实景模拟、立体展现等多种技术手段，让用户通过互联网即可身临其境地观赏珍贵展品，更便捷地获取知识、了解信息，接受历史文化的熏陶。百度百科数字博物馆中已经上线了包括中国国家博物馆、三星堆博物馆、云冈石窟等在内的覆盖20多个省市及自治区的218家博物馆，收录博物馆超过1609家，成为当今最为权威的立体化、数字化博物馆线上平台。

在社会发展节奏不断加快的今天，互联网已经完全进入人们的生活，百度百科数字博物馆在历史文化、学科知识传承中所起到的作用日益明显。截至2015年10月，百度百科数字博物馆已经吸引了超过3200万人次参观，远超传统博物馆的接待能力，并以领先的互联网科技为中国百姓献上一道文化大餐。

百度文库

百度文库是百度发布的供网友在线分享文档的平台。百度文库的文档由百度用户上传，需要经过百度的审核才能发布，百度自身不编辑或修改用户上传的文档内容。网友可以在线阅读和下载这些文档。百度文库的文档包括教学资料、考试题库、专业资料、公文写作、法律文件等多个领域的资料。百度用户上传文档可以得到一定的积分，下载有标价的文档则需要消耗积分。当前平台支持主流的doc（docx）、ppt（pptx）、xls（xlsx）、pot、pps、vsd、rtf、wps、et、dps、pdf、txt等文件格式。

百度文库于2009年11月12日推出，2010年7月8日，手机版上线。2010年11月10日，文库文档数量突破1000万份。2011年12月文库优化改版，内容专注于教育、PPT、专业文献、应用文书四大领域。2013年11月正式推出文库个人认证项目。2014年4月文库文档数量已突破1亿份，截至2015年11月3日，据不完全统计百度文库文档数量达141889663份。

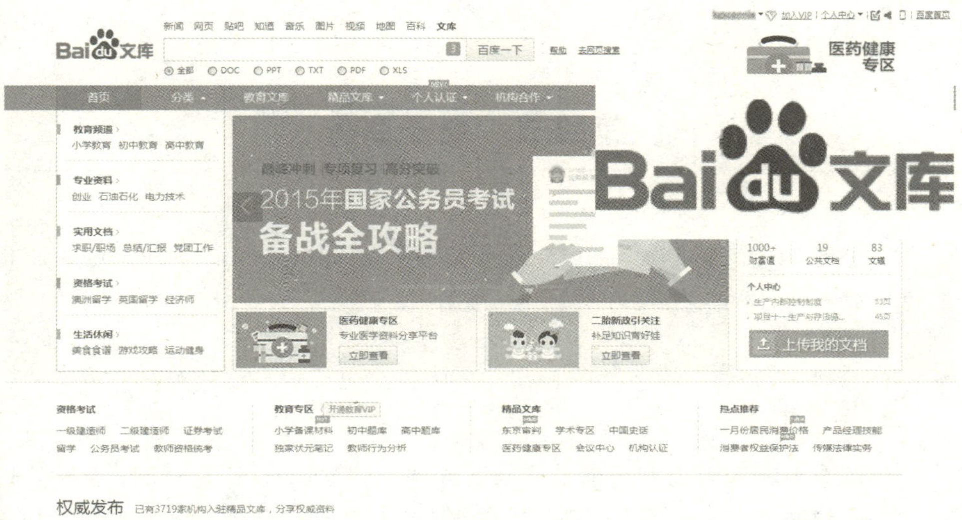

百度文库首页截图

百度知道

百度知道是一个基于搜索引擎的互动式知识问答分享平台，于2005年6月21日发布，并于2005年11月8日转为正式版。百度知道一直在探索国际化发展的方式，并于2012年3月31日发布百度知道台湾版。

百度知道栏目

第四节 电子商务

2008年10月，百度旗下的电子商务交易平台百度有啊正式上线，这开启了百度屡败屡战的电商之路。

百度有啊

百度有啊基于百度独有的搜索技术和强大的社区资源，突破性地实现了网络交易和网络社区的无缝结合，以打造完美满足用户期望的体验式服务为宗旨，为数量庞大的中国互联网电子商务用户提供更贴心、更诚信的专属服务。

有啊诞生

2008年10月8日，百度网络交易平台被正式命名为“有啊”，域名www.youa.com。

2008年10月16日，“百度有啊”C2C平台内测，百度Hi用户只要在10月16、17日两天分别保持在线时间在半小时以上，就有机会被后台选中，获得抢先内测资格。

2008年，建立在全球最大的中文搜索引擎百度旗下独有的搜索技术和强大的社区资源的基础上，有啊推出了网络购物平台，突破性地实现了网络交易和网络社区的无缝结合，为数量庞大的百度用户及网购消费者提供了更贴心、更诚信的电子商务服务。

有啊生活

2010年，面对用户日益增长的生活消费需求，有啊创新性地推出泛电子商务平台——有啊生活，通过与搜索引擎的深度整合，更好地为广大网民用户提供优质的生活消费信息，帮助人们更放心、省心、便捷地找到生活所求，帮助消费者获取、筛选生活信息以便更好地交流、决策，直至与商户达成交易。

有啊关闭

2011年3月31日下午消息，百度旗下C2C业务有啊今日发布调整公告，称即日起将开始对有啊业务进行调整，自发布之日起1个月后，有啊购物平台的商品、店铺、交易等相关功能将关闭，商城业务将有计划地转移给乐酷天、耀点100等合作伙伴。

【拓展阅读】 百度有啊大事记

百度有啊大事记

◆2007年

2007年10月18日，百度宣布正式进军电子商务领域，百度已专门成立了独立事业部运营百度C2C交易平台的业务，并由原百度搜索引擎产品市场部高级经理李明远出任电子商务事业部总经理。

◆2008年

2008年6月18日，百度旗下网络交易平台在全国范围内的巡回招商大会在北京拉开帷幕。

2008年10月28日下午14：00，百度有啊beta版正式上线运营，任何ID均可登录百度有啊进行买卖。

◆2009年

2009年3月11日，百度有啊正式推出有啊店铺助手1.0版本，百度有啊会员中心正式上线。

2009年3月12日，酝酿已久的百度有啊会员中心正式上线啦！谁的地盘谁做主，有啊店铺助手正式推出。

2009年3月16日，百度有啊正式推出了有啊店铺助手。据悉，该软件日前已对所有卖家开放。

2009年3月25日，通过“我要付款”功能，只要知道对方的百付宝账号，即可向对方付款。付款之后，钱将立即转到对方的百付宝账户，方便快捷，无需手续费。

2009年6月10日，有啊平台推出面向卖家的服务体系，旨在提升买家购物体验，帮忙卖家提高服务保障能力。包括诚信保障（基础服务）、7天退换货、全新保障、专柜正品和海外正品服务。

2009年7月31日，实体店认证是有啊平台推出的面向卖家的资质认证服务，旨在提升买家购物体验，帮助卖家提高店铺置信度与服务质量保障。

2009年8月18日，百度正式宣布启动“凤鸣计划”，并正式进入C2C市场。

◆2010年

2010年12月，有啊生活平台开放其团购服务功能，这是有啊生活平台继生活商家搜索、认证电话转接、优惠券等功能开放后上线的又一重要功能。

◆2011年

2011年3月31日下午，百度旗下C2C业务有啊发布调整公告，称即日起将开始对有啊业务进行调整，自发布之日起1个月后，有啊购物平台的商品、店铺、交易等相关功能将关闭，商城业务将有计划地转移给乐酷天、耀点100等合作伙伴。

2011年4月20日，百度有啊youa.com正式上线新版网页，并且由C2C转型定位为本地生活信息服务平台，启动了新标识，并与百度框计算直接对接。

百度有啊新平台

◆2012年

2012年3月，百度有啊被整合进爱乐活，在整个2012年中，爱乐活都在完善本地生活服务功能。

◆2013年

2013年3月转型为电商导购网站。

◆2014年

2014年2月，爱乐活再次转型为时尚B2C商城，但是在行业内的影响力和存在感却越来越低。

乐酷天

2010年6月9日，百度与日本电子商务巨头乐天的合资公司宣布，启用“乐酷天”作为网上商城的品牌名称，并正式开始招商。该网上商城将提供“全部为优质正品”的商品。

2010年10月19日，乐酷天正式上线，同时开放的还有乐酷天的拼音域名。

2011年3月31日，百度旗下有啊购物商城业务有计划地转移到乐酷天。

2012年4月，日本电商网站乐天宣布，关闭与百度合资的B2C网上商城乐酷天。

百度惠

了解百度惠

百度惠是百度旗下的消费导购平台，以客观中立的态度，为用户推荐最具品质和性价比的消费信息。

百度惠首页截图

百度惠的优势

百度惠的优势如下图所示。

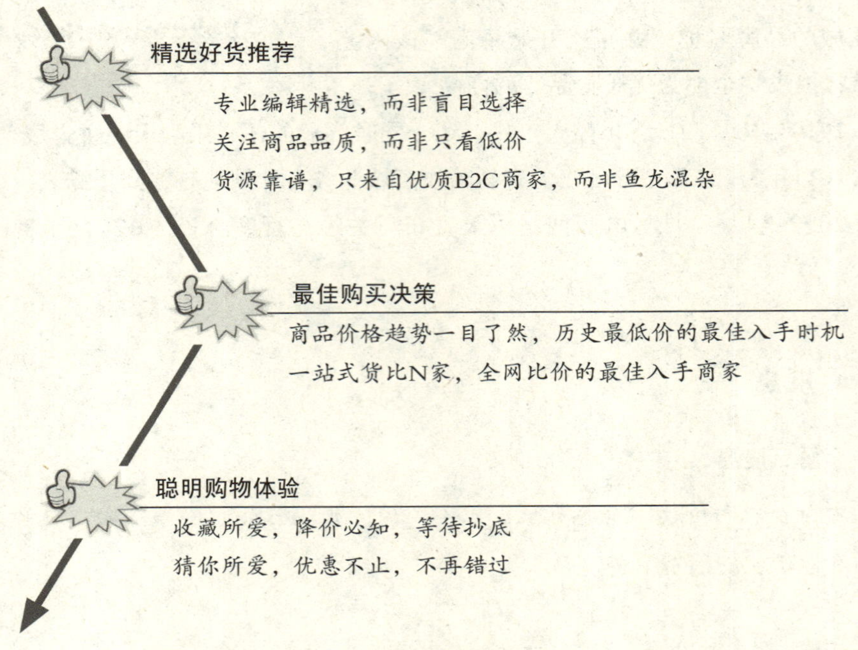

百度惠的优势

百度未来商店

百度未来商店是由百度公司于2015年3月24日推出的国内最大的智能硬件聚合销售平台。通过该平台，百度为合作伙伴提供包括品牌推广、资金流量、技术支持、销售支持等全方位服务，助力优质智能硬件厂商迅速脱颖而出。而对于智能硬件爱好者，百度未来商店致力于提供精品智能硬件，在第一时间展现最优秀的产品。

百度未来商店首页截图

百度未来商店为智能硬件合作伙伴提供的全方位支持，如下图所示。

全平台多维度推广

为合作伙伴提供从品牌宣传、市场推广到评测、试用以及销售的全套解决方案

资金及流量支持

在资金和流量资源上给予合作伙伴全力支持，包括让厂商感到最贴心的30天账期服务，以及整合百度所有推广资源，如百度贴吧、百度钱包、百度知道、百度百科等，提供全平台营销解决方案

技术支持

百度未来商店将为合作伙伴提供开放标准化的数据接口，一个账号即可打通，合作伙伴将快速获得云存储、大数据、lbs等一系列技术支持

百度未来商店提供的支持

百度MALL

关于百度MALL

百度MALL是百度旗下定位中高端的品质电商，只和品牌官方直接合作，确保100%正品行货。其目标顾客是25～40岁，追求品牌或高品质商品的小资白领和中产家庭，以满足这部分用户对知名品牌“新、正、特”的需求。

2015年10月25日，百度MALL已正式上线。

百度MALL首页截图

经营类目

百度MALL计划重点经营八大类目：服饰鞋包、运动户外、食品保健、个护化妆、家居家纺、数码家电、母婴玩具、珠宝手表。

百度MALL为顾客精选知名品牌和品质商品，满足顾客一站式购物的需求。

百度MALL优势

1. 资金、流量双优惠

百度MALL给品牌商开出了三大优惠政策，如下图所示。

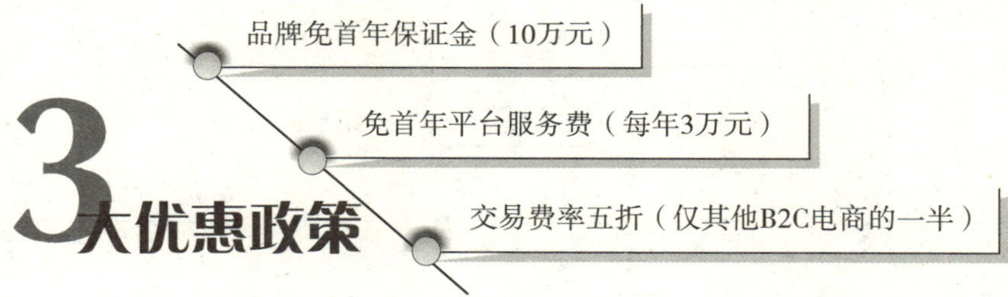

百度MALL三大优惠政策

百度MALL承诺为商家提供流量资源，如下图所示。

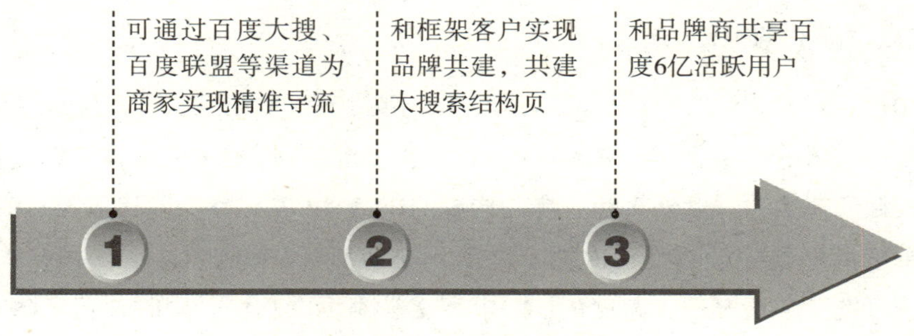

百度MALL提供的流量资源

2. O2O实践

此次百度电商项目将为品牌商提供O2O解决方案，包括线上购买线下门店取货，或直接引导顾客去品牌商线下店铺购买。

业内人士认为，百度MALL大举引入品牌商，也是为了迅速拓展O2O业务，将品牌商的线下店铺一起带入。

3. 服务保障

百度MALL为用户提供正品保障及七天无理由退换货服务。

4. 支付方式

百度MALL为用户提供两种支付方式，如下图所示。

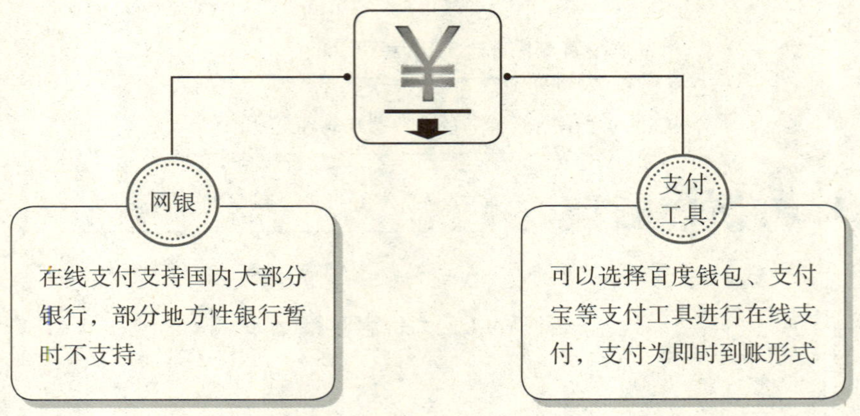

百度MALL的支付方式

O2O新百度

2015年11月1日，百度公布了截至2015年9月30日的第三季度未经审计的财务报告，公布的电商化交易总额（GMV）这一指标，展示了百度在O2O业务的决心：百度糯米、百度外卖和去哪儿构成的GMV为602亿元，同比增长119%。第二季度的财报中，百度首次披露电商化交易额达405亿元，增长109%。可见，新百度业务展开后，百度的O2O电商交易额再次翻倍。同时，百度CEO李彦宏也表示，百度电商O2O将成最大赌注。

百度糯米七夕期间单日流水破4.5亿　市场份额位列第一

2015年8月22日，在八达岭水关长城，上千级台阶被五光十色的彩灯点亮，17对情侣在长城脚下搭起粉色帐篷看起了浪漫的露天电影。一对经历长达3年跨国恋的情侣，更是在霓虹与繁星交相辉映下完成浪漫求婚，现场响起阵阵掌声和祝福。

据悉，皇家七夕宴、长城帐篷电影院等都是百度糯米在七夕节为用户和会员打造的“惊喜服务”。相比美团等其他在线生活服务平台单纯的价格促销，百度糯米七夕节活动玩出了不少新花样。

七夕当天通过百度糯米线上出票量达到了170多万张，一举抢占25%的全国线上线下整体观影份额，相当于每4张影票就有1张出自百度糯米。而在随后的8月22日，百度糯米单日流水超过4.5亿，比去年同期增长20倍以上。据推算，其市场份额已在生活服务网站三强中名列第一，其中，餐饮品类流水超过3.4亿，同比增长25倍，餐饮商户储值卡也卖出了近5万张，百度糯米APP也在苹果APP Store中的生活服务榜单排第一位。

这是继百度首次在2015年第二季度的财报中披露电商化交易数据、提出新百度格局后百度糯米的首次大战。在此之前，百度糯米在7月18日暑期大促中单日流水突破3.5亿，此番七夕大促销再次刷新记录。

2015年6月底，百度糯米正式发布“会员+”O2O生态战略，并获得百度200亿元战略追加投资。百度糯米总经理曾良指出，百度糯米将通过商户自主营销聚合页、储值卡、百糯连、到店付等创新产品，与商户构建一个全面线上会员体系，用大数据为商家管理和营销提供精准的决策依据。

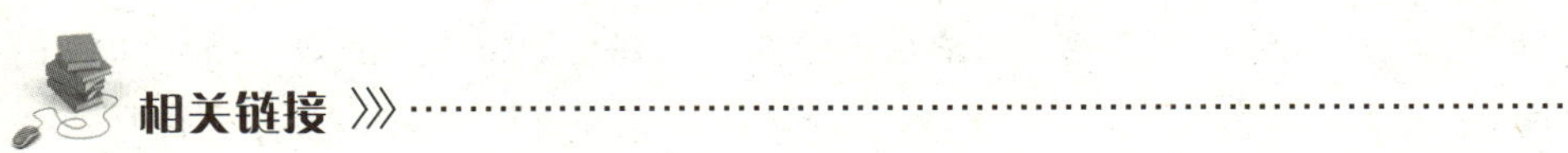

相关链接

不怕烧钱的百度外卖：只做白领市场　物流众包

百度外卖最近势头很猛，不仅在于穿着百度外卖衣服的配送员在北京大街小巷穿梭，更在于，百度外卖完成2.5亿美元融资，其正逐渐形成独立于美团外卖和饿了么的另一种外卖势力。

资料显示，百度外卖此轮融资由水木投资集团和汉能基金联合领投，另外，味千（中国）与Hina及Hanking成立的财团也参与其中，这一轮融资下来，百度外卖的估值已达到10亿美元。

在2014年4月，百度外卖才诞生，为何百度外卖会发展得这么快，并迅速占领白领外卖市场？为何一直坚持只做白领市场？百度战略副总裁金宇在接受腾讯科技访问时对此做出解读。

金宇对腾讯科技表示，百度很早就不把百度糯米看成团购网站，而是将其打造成服务生活、服务需求的一站式平台。正是基于这一设想，百度2014年开始在内部立项，并设立外卖业务。

百度外卖为何不做大学生市场

与美团外卖、饿了么不同的是，百度外卖基本不做大学生外卖市场，且到现在也没这个意向。

为何百度不做大学生外卖市场？这是百度高层的战略考量。金宇对腾讯科技表示，真正战略层面的效率是没有把钱砸在浪费的地方，品质外卖不做高校，让百度外卖避免了被坑。

高校市场的明显特征是季节性明显，一年有3个月淡季，学生放假后外卖服务没法服务，而企业成本、人员是按全年匹配，一旦大学生放假，美团外卖、饿了么的订单可能一下会掉80%。

外卖陷入资本大战：百度外卖不惧烧钱

自成立以来，饿了么已获得多次融资，分别是2011年3月获得来自金沙江创投的数百万美元投资，2013年1月获得来自经纬中国、金沙江创投的数百万美元投资，2013年11月获得来自红杉资本中国、经纬中国、金沙江创投的2500万美元投资，饿了么在2014年5月获大众点评战略投资8000万美元，2015年初再度获得3.5亿美元E轮融资，投资方包括中信产业基金、腾讯、京东、大众点评、红杉资本中国。

相比美团外卖、饿了么这些创业公司项目，百度外卖可以说是含着“金汤匙”出生的孩子。在外卖市场同样烧钱，但意义却截然不同。

金宇讲出了其中不同的逻辑，首先，百度外卖大量的补贴有沉淀，这既提升了百度外卖的物流配送能力，还将很大一部分资金都沉淀到了百度钱包，丰富了百度钱包的应用场景。

“百度外卖这种烧钱功能是美团外卖、饿了么不具备的，这是百度作为互联网巨头的优势。”

在另一方面，大学生外卖市场相对纯粹，学生对送商品、送鲜花等其他业务的需求基本为零，美团外卖、饿了么可能就没办法进行匹配交叉营销，而百度外卖针对的白领市场就有这个优势。

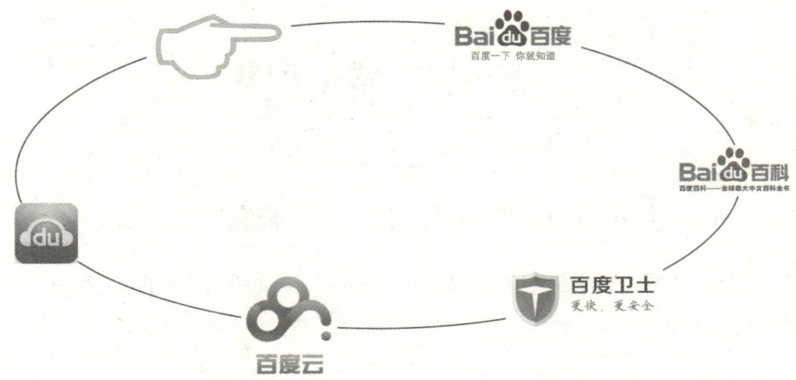

第四章
百度之路，平凡的传奇

导言：

百度公司是中国搜索引擎巨头，覆盖了很多方面的互联网业务。百度公司的搜索引擎占据了中国电脑和移动端流量的80%～90%。2015年第二季度，在百度平台上投放广告的商家达到59万家。本章内容将带领读者发现百度如何造就平凡的传奇。

第一节　核心团队

创始人、董事长兼首席执行官——李彦宏

李彦宏，百度公司创始人、董事长兼首席执行官，全面负责百度公司的战略规划和运营管理。

首席财务官——李昕晢

李昕晢女士2008年3月加入百度，任百度公司首席财务官，负责财务运营和市场等多项工作。

【拓展阅读】百度CFO李昕晢荣获2014中国政府“友谊奖”

百度CFO李昕晢荣获2014中国政府“友谊奖”

2014年9月29日，2014中国政府“友谊奖”颁奖仪式在人民大会堂隆重举行，百度首席财务官李昕晢等100名来自各行业的优秀专家获奖。据悉，李昕晢还作为获奖代表接受国家领导人的接见，并参加2015年9月30日举行的65周年国庆招待会。此前她还被授予本年度的北京市“长城友谊奖”。

中国政府“友谊奖”自20世纪90年代初由国务院授权设立，由国家外国专家局在每年国庆节前夕组织评选，用以感谢和表彰在我国社会发展和经济、技术、教育、文化等建设事业以及人才培养中做出突出成绩的和具有奉献精神的专家。作为授予海外精英的国家级最高荣誉，“友谊奖”的评选，不仅要求获奖者具有卓越的个人能力，并且要求获奖者在重点建设领域有跨越式发展、在重大科研方向上具有关键性突破能力，以及在加强中外科技文化交流、高层次人才培养等方面具有重要推动力和影响力。而这两个方面，在李昕晢身上都表现得淋漓

尽致。

李昕晳1990年毕业于清华大学，1994年获得英属哥伦比亚大学MBA学位，加入百度之前曾任通用汽车（中国）的首席财务官。2008年3月，李昕晳出任百度首席财务官，负责公司财务运营工作，并全面管理百度的投资并购、人力、市场、品牌、法务等多项工作。到2014年的6年中，在她的规划与推动下，百度业绩持续高速增长并屡超华尔街预期，尤其是移动业务转型领跑中国互联网产业。这样稳定、强劲的发展表现，不仅进一步巩固了百度作为“纳斯达克中国名片”的地位，也令国际资本市场对整体中国概念股的信心不断增强。

李昕晳卓越的战略眼光和投资管理能力，在近几年百度成功投资去哪儿、91无线等产业级影响力项目中得到充分展现。她立足核心业务、推动技术创新、寻求产业共赢的投资并购理念，这使一大批开发者和创业团队借助百度平台获得长足进步，并不断构建更加健康、开放的产业生态。李昕晳本人是唯一出任标准普尔500指数成份股公司董事的中国女性，《福布斯》《财富》《金融时报》《华尔街日报》等知名外媒多次将她评选为“全球商界女性50强”“全球最受关注女性”“亚洲最佳女强人”等，2012年的全球商界“高管梦之队”评选活动中，她还在与甲骨文CEO拉里·埃里森的角逐中胜出，被专家评委们指定为“高管梦之队”中的“首席战略官”，与亚马逊CEO杰夫·贝索斯、Facebook COO谢丽尔·桑德伯格、LinkedIn创始人里德·霍夫曼、苹果首席工业设计师乔尼·埃维等精英人物同时上榜。

作为在传统行业和新兴产业均有建树的优秀管理者，李昕晳认为：“不惧怕从零开始的未知才是企业家和领导者应该具备的开创精神，尤其是互联网企业，每一秒都在变化，唯一不变的是时刻改变。”在快速变化的移动互联网时代，作为决定整体经济质量的细胞体，企业要保持锐意创新，更要建立起良好的管理生态，使企业领导者卓越的个人能力和团队协作效能实现有机平衡，为中国由“制造大国”迈向“创新大国”不断提供新的活力与推动力。

总裁——张亚勤

2014年9月张亚勤博士加盟百度公司，任总裁，负责新兴业务。

高级副总裁——王劲

2010年4月加入百度，任百度技术副总裁。王劲负责百度商业产品与技术体系，包括百度研究院、商业变现、大数据、开放云、基础技术与基础架构的相关工作。同时担任百度技术战略委员会和百度安全委员会主席，以推动公司技术和安全方面的总体战略的制定与发展，2013年12月晋升为百度高级副总裁。

高级副总裁——向海龙

2005年2月，向海龙加入百度，现任百度高级副总裁，同时担任搜索业务群组（SSG）总经理，负责百度搜索的技术和产品，商业体系和展示广告的产品和技术，百度联盟、百度销售运营体系及百度糯米等业务的全面管理工作。

副总裁——王湛

王湛于2000年7月加入百度，2010年1月任百度副总裁，现负责百度数字娱乐、数字内容及互联网证券等业务。

副总裁——朱光

朱光于2008年12月加盟百度，2011年1月晋升为副总裁。负责百度市场公关、政府事务和百度新闻等多项工作。

人力资源和行政管理副总裁——刘辉

刘辉于2011年4月加盟百度，任百度人力资源和行政管理副总裁。负责百度人力资源建设和行政的相关工作。

副总裁兼CEO助理——梁志祥

梁志祥于2005年6月加盟百度，2011年6月晋升为副总裁，并担任总法律顾问。2013年1月起兼任CEO助理。梁志祥负责百度大法务审核监察体系和公司总裁办工作，具体包括法务部、在线管理部、政策研究部、专利事务部、业务审核部、销售监察部、职业道德部等。

百度Fellow——孙云丰

孙云丰于2004年初加入百度，2012年2月正式成为百度历史上首位Fellow。负责百度大多数重要产品方向的决策和设计工作。

副总裁——李明远

2004年以实习生身份加入百度，2013年7月任百度副总裁，现负责管理百度移动服务事业群组。

第二节　核心科技

搜索引擎

什么是搜索引擎

搜索引擎（Search Engine）是指根据一定的策略，运用特定的计算机程序从互联网上搜集信息，在对信息进行组织和处理后，为用户提供搜索服务，将搜索到的相关的信息展示给用户的系统。它包括全文索引、目录索引、元搜索引擎、垂直搜索引擎、集合式搜索引擎、门户搜索引擎与免费链接列表等。

搜索引擎的出现，整合了众多网站信息，起到信息导航的作用。

作为全球最大的中文搜索引擎，百度的特色服务包括：百度快照、网页预览/预览全部网页、相关搜索词、错别字纠正提示、MP3搜索、Flash搜索。

2002年3月闪电计划（Blitzen Project）开始后，技术升级明显加快。后百度推出贴吧、知道、地图、国学、百科、文档、视频、博客等一系列产品，深受网民欢迎。

几类搜索引擎的特点

几类搜索引擎的特点如下图所示。

类别	名称	特点
第一类	全文索引	全文索引从网站提取信息建立网页数据库。其自动信息搜集功能分两种，一种是定期搜索，另一种是提交网站搜索。这种引擎的特点是搜全率比较高
第二类	目录索引	目录索引也称为“分类搜索”，是因特网上最早提供的资源查询的服务，主要通过搜集和整理因特网的资源，根据搜索到网页的内容，将其网址分配到相关分类主题目录的不同层次的类目之下，形成像图书馆目录一样的分类树形结构索引。目录索引无需输入任何文字，只要根据网站提供的主题分类目录，层层点击进入，便可查到所需的网络信息资源
第三类	元搜索引擎	元搜索引擎（META Search Engine）接受用户查询请求后，同时在多个搜索引擎上搜索，并将结果返回给用户
第四类	垂直搜索引擎	垂直搜索引擎为2006年后逐步兴起的一类搜索引擎。不同于通用的网页搜索引擎，垂直搜索专注于特定的搜索领域和搜索需求（例如：机票搜索、旅游搜索、生活搜索、小说搜索、视频搜索、购物搜索等等），在其特定的搜索领域有更好的用户体验
第五类	集合式搜索引擎	集合式搜索引擎类似元搜索引擎，区别在于它并非同时调用多个搜索引擎进行搜索，而是由用户从提供的若干个搜索引擎中选择

第六类	门户搜索引擎	门户搜索引擎包括AOLSearch、MSNSearch等，它们虽然提供搜索服务，但自身既没有分类目录也没有网页数据库，其搜索结果完全来自其他搜索引擎
第七类	免费链接列表	免费链接列表（Free for All Links，简称FFA）一般只简单地滚动链接条目，少部分有简单的分类目录

几类搜索引擎的特点

相关链接

IDC统计全球搜索引擎排名：谷歌第一　百度第四

根据IDC2015年9月份的统计，在全球，搜索引擎的份额排名是，谷歌以67.49%的份额雄居第一，Yahoo第二，Bing凭借10.67%的份额排名第三，百度第四，份额为8.13%。

然而，回到国内，格局便发生了根本性的逆转。

根据Analysys易观智库产业数据库近期发布的《中国搜索引擎市场季度监测报告2015年第三季度》数据显示，在不含渠道及海外收入的中国搜索引擎运营商市场收入份额中，百度占到86.19%，搜狗为6.54%，谷歌中国为3.92%，其他为3.35%。

2015年第三季度，在含渠道及海外收入的中国搜索引擎运营商市场收入份额中，百度占到78.75%，谷歌中国为8.65%，搜狗为8.41%，其他为4.19%。

2015年，百度和微软合作成为Windows 10 Edge浏览器的默认搜索引擎。但近来传出谷歌想回归中国大陆的消息，此时若回归成功的话，搜索格局定会有大的变动。

刘建国：中文搜索引擎技术未来展望

2004年9月2日下午，“internet，下一个十年”——中国互联网高层峰会在北京国际会议中心举行，时任百度公司副总裁的刘建国在此次峰会上发表了题为“中文搜索引擎技术未来展望”的主题演讲。内容如下。

我深信所有的竞争归根到底还是用户体验的竞争，用户体验靠什么呢？我个人认为是靠技术，最终是靠技术的竞争，看谁可以做得更好、更可以满足用户的需求，谁最后就可以在市场中胜出。所以，我想对中文的搜索引擎技术的未来进行展望。

第一，我其中的一个展望是搜索引擎在中国将成为互联网第一大运用，现在大家知道第一大运用是电子邮件，我相信在未来的不久，搜索引擎应该会成为中国网民最常使用的一项服务。另外一个展望是中文搜索流量将是世界对打的万维网流量。大家从调查中可以看到，到今年（2004年）7月是8700万，我们年增长率是15%。15%是华尔街互联网一个很有名的分析师估计的全球的网民增长的速度。但是，中国应该比这个高很多。我们按这个增长的速度算的话，在未来10年中国的网民将会是3.5亿。所以，互联网肯定会成为世界上最大的一个市场，而搜索引擎是它的第一大应用，所以它的网民量肯定是世界最大的。

第二，网民更加依赖搜索引擎的信息，信息的海洋会将网民的时间全部浪费掉，所以必须依赖信息搜索引擎来导航。我认为更多的中文信息将开放化，很多的信息会放到网上。中文搜索引擎流量将超过20亿，这是我自己的一个判断。现在的百度已经超过3亿，10年以后肯定会超过20亿，而且这个20亿是一个质量很高的20亿。另外，更多的结构上的信息变得很烦琐，更多的垂直内容将会在搜索引擎上提供，这个Web可以是我们现在所说的音乐的搜索、产品的搜索、人的搜索、旅游的搜索。

第三，搜索引擎的基本问题没有变，仍然是“准、全、新、快”这四个最基本的问题。目前对于这四个问题的解决，远没有达到一个完美的境地，在这个方面还有很多的事情可以做。比如说在“准”方面，信息来源要更加准确；

“全”，要思考怎么提高所有量的大小；“新”，可以讲最新的东西包括搜索引擎，而不是都是一过时的老信息；“快”，要提高服务的速度，要很快，同时要很稳定。这些方面都牵扯到搜索引擎很深层的、很底层的东西。

第四，搜索引擎工具将更进一步地加强，比如说使搜索引擎成为一个工具，而不是一个目标。大家在那儿是找信息的，需要导航的，它是个工具，而这种工具的使用可能在10年以后，大家没有觉察的，可以去上网，也许是桌面，所有的渠道都不重要了，用户想搜的时候，会到搜索引擎上去搜索。另外，它的使用方式会越来越简单和方便。

我觉得搜索引擎会发生一个很大的转变，那就是搜索引擎会转为答案引擎，直接设想答案或者信息、知识。另外就是无处不在，在任何地方当你要找信息的时候，都可以用搜索引擎。

中文语言的处理技术将得到进一步的发展，并会先在中文的搜索引擎上得到大规模的应用。如果做中文的搜索引擎的话，对于中文语言的处理，对中文语意的理解，以及对信息的抽取必须达到一定的规模。

搜索引擎的个性化将得到进一步的研究，受到进一步的重视，相关技术会有较大的进展。对搜索来讲，用户的需求是非常重要的，你必须理解用户的需求，才能提供相关的、准确的信息，所以你要理解用户的意图，对不同人的查询要做不同的处理，这个必须要个性化，而不是千篇一律的。这就是我对未来的展望，谢谢大家！

框计算

框计算概念

框计算（Box Computing）是2009年8月18日，百度董事长兼首席执行官李彦宏在2009百度技术创新大会上所提出的全新技术概念。用户只要在百度搜索框中输入服务需求，系统就能明确识别这种需求，并将该需求分配给最优资源或应用的提供商处理，最终精准高效地返回给用户相匹配的结果。这种高度智能的互联网需求交互模式，以及“最简单可依赖”的信息交互实现机制与过程，称之为“框计算”。

框计算logo

框计算logo是一个由红、蓝双色组成的“变形框”，非常富有空间感、立体感和想象力。“变形框”寓意着搜索框无处不在，也昭示着看待搜索的一种全新视角。而酷似英国数学家沃利斯在17世纪发明的无穷大符号∞的形状，则寓意着框计算将为神奇的互联网世界带来无限可能和想象空间。框计算logo诞生于2010年8月18日（框计算发布1周年）。

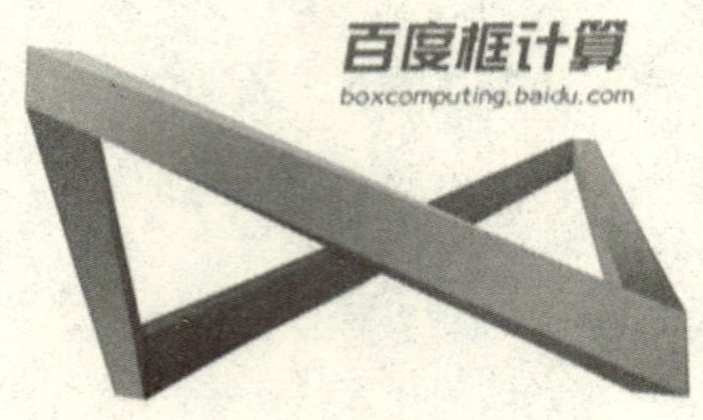

百度框计算logo

框计算的构成

1. 首先是“框”

“框”是收集用户需求的输入端口和媒介，是框计算运行的外在平台，是一个功能强大的需求收集器和分析器，又是一个强大的泛操作系统和应用兼容平台。

2. 其次是计算

计算实现对用户需求的精准识别分析，须完全智能化，这是框计算最核心的技术。

计算还需实现对用户需求资源的对接整合、精准匹配与调度，要求准、快、稳。

3. 再次是资源和平台

框计算要求有精准、稳定、可靠而丰富的优质资源，包括数据资源和各种应用等。

框计算提供专业的资源对接合作与运营平台，即百度开放平台，其中包括百度数据开放平台、百度应用开放平台等。

4. 最后是机制

最简单可依赖：框计算以用户需求为导向，旨在为用户提供“即搜即得、即搜即用”的最简单可依赖的信息需求服务模式及服务平台。

开放：针对资源合作者，框计算提供海量需求资源的开放平台，共同为用户实现便捷的数据与应用开放

共赢：框计算突破性地实现了与用户、资源合作者等多方共赢，并逐步推动互联网产业链和生态圈的良性循环发展。

架构图

框计算平台听起来非常神奇，而要通过框计算真正实现“最简单可依赖”的互联网服务，需要突破用户需求识别精准分析和海量数据对接与指令匹配等关键技术。

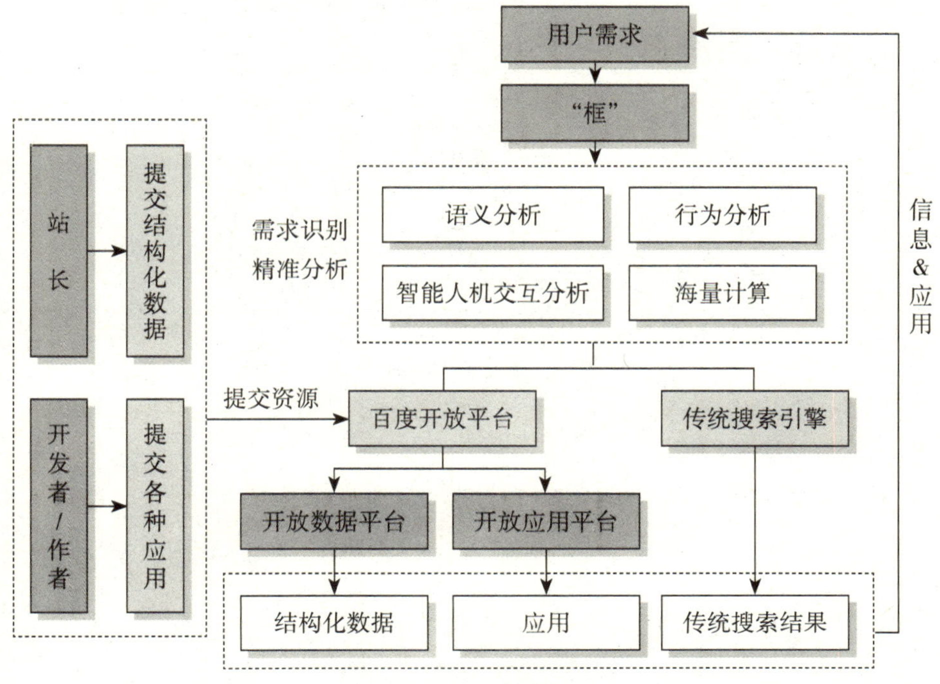

框计算架构图

框计算的实现过程

百度框计算用户需求实现过程如下图所示。

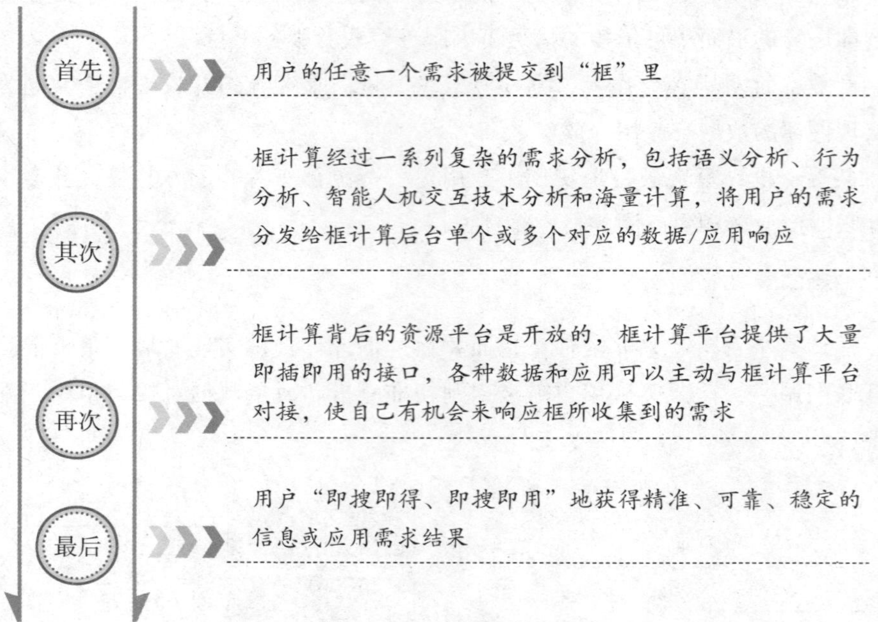

框计算实现过程

【拓展阅读】 框广天地　责任前行

框广天地　责任前行

2012年9月6日，百度发布了《2009—2011百度企业社会责任报告》，以下是CEO李彦宏的致辞。

百度的创立，源于我作为一个技术人员的梦想——用技术改变世界，改变普通人的生活。

我还清楚地记得，10年前，印着“.com”的T恤现身街头时，13亿国民中仅有7%懂得这些字样究竟意味着什么，10年后，接近5亿的网民人数不仅成就了中国世界第一大互联网市场的地位，更让网络引导出一种主流的生活模式；10年前，娱乐、游戏是人们上网的基本目的，10年后，网络成为越来越多的人实现理想、获得财富不可或缺的助力；10年前，总有那么一群人被隔离在信息世界的边缘、公众视野的角落，10年后，网络让即便远在边陲的人们也能与发达地区的社会有机同步、无碍沟通。

这就是互联网的魅力，这也是技术的魅力。

10年来，百度在专心做一件事：通过一个简单的“框”，去满足人们各种各样的搜索需求。无论教授还是牧民，无论老人还是孩子，无论寻找的是信息，或是应用，甚至是娱乐……没有困难的语言表达，也没有烦琐的二次点击，第一时间令最准确的结果触手可及。通过搜索引擎，使每个人与知识和信息保持平等的距离——这是我们“让人们最平等便捷地获取信息，找到所求”的使命所指，更是我们最大的社会责任所在。

这样的专注，也是我们作为一家科技企业，对如何用知识的力量为产业注入活力、为国人增添福祉所做出的回答。正是这样的想法，推动着我们打破隔阂、连接脱节，让50万中小企业拥有平等的市场机会和发展空间；正是这样的想法，影响着我们搭建平台、共赢发展，让站长、开发者收获健康的生态，分享这个充满梦想与激情的历史机遇；正是这样的想法，引导着我们立足合作、另辟蹊径，兼顾网民与著作权人，于止步不前的数字版权争议中，创生出全新的解决方案范例；正是这样的想法，激励着我们荡涤污浊、痛击黑暗，在一片数字汪洋中摒除网络虚假、不良信息，让阳光照进灰色地带。

今天，百度已经收录超过2000亿个网页，相当于1800个中国国家图书馆的典藏。在近13000名百度人的共同努力下，在搜索技术与社区产品、推广通路、开放平台的不断升级、交融中，我们欣喜地看到，一个日渐繁荣的产业生态圈正平地而起。

一路行来，我们所成就的远不只是百度本身。我们的自豪更源于用户、伙伴、客户与我们一道，为创造更好的搜索体验而贡献出彼此的价值。

本杰明·富兰克林说：“实现明天理想的唯一障碍是今天的疑虑。”

从10年前开始，百度就一直在为实现理想而奋斗的路上。我们从未有疑虑。

百度董事长兼CEO：李彦宏

“超链分析”

“超链分析”就是通过分析链接网站的多少来评价被链接的网站质量，这保证了用户在使用百度搜索引擎时，越受用户欢迎的内容排名越靠前。

百度CEO李彦宏是“超链分析”专利的唯一持有人，目前该技术已为世界各大搜索引擎普遍采用。在这项专利中，李彦宏提出了与传统信息搜索系统不同的基于链接的排名方法，该技术率先解决了如何将基于网页质量的排序与基于相关性的排序完美结合的问题。

“超链分析”搭起了搜索新平台，是互联网的关键，而其他人则借助这个新平台衍生出了适合自身的个性化发展路径。百度从创立到成长为全球最大的中文搜索引擎，“超链分析”起到了决定性作用。

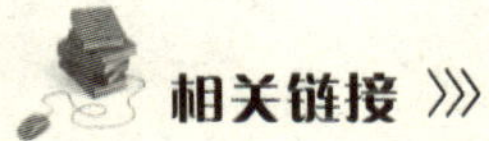

相关链接 》》

李彦宏18年后首提“超链分析”，这项百度起点技术在移动互联网时代如何重生

2015年1月18日，在极客公园的年度大会上，在主持人张鹏的询问下，李彦宏首次透露了最新注册的专利“对象识别方法和装置”，而这也是李彦宏在1997年提交专利后，18年后来再次被披露的一项专利，而在1997年，李彦宏所提交的“超链分析”技术专利则是搜索引擎的核心基础，百度则依靠该技术起家，而此次百度申请的该专利剑指何方？

“超链分析”专利的过去

要了解这项专利，我们就必须先回过头去看李彦宏当时所申请的“超链分析”，当时28岁的李彦宏还在道·琼斯担任高级技术参谋，遇到了《华尔街日报》网络版的实施信息呈现问题，网站每天约有15万条的内容产生，用户很难搜索到自己想要的内容，而此时的李彦宏为了应对该问题，开始着手对搜索结果进行算法优化。随后将“超链分析”概念完善，并于1997年正式申请了专利“超级链接分析技术”。随后被Infoseek搜索引擎的CEO看中，李彦宏正式进入搜索引擎行业。

1998年4月，李彦宏赴澳大利亚演讲搜索前瞻技术，当时佩奇和布林在场；同年10月，Google上线，并申请了PageRank的专利，但因为该专利与李彦宏之前申请的“超链分析”专利具有高度的相似性，直到2001年才审核通过。

也就是在1998年，Infoseek被迪士尼控股，被迫转型成了门户网站。而李彦宏也在此期间发表大量关于搜索引擎技术的文章，并为申请大量相关专利做了足够的积累，再加上Google的成功，李彦宏终于决定创业，于是后来有了我们所知道的那些百度的故事。

“超链分析”技术切中了未来场景

“超链分析”就像是金庸里的某个武林秘籍，得此书者得天下，但事实上也并非如此。主持人问李彦宏，是否是“超链分析”成就了百度？李彦宏否定了这种看法，百度成为巨头，更多的因素在于商业化运作的成功，技术只是必要的一环。

但“超链分析”之所以会有举足轻重的作用，原因就在于对未来场景的把握，未来会有越来越多的人通过PC搜索自己想要的信息，而这一技术就在底层支撑了这一需求。而百度通过进一步的商业化，将这种需求转化为广告的商业运作，进而获得了成功。

“对象识别方法和装置”预测了怎样的未来场景

在PC时代，用户的搜索需求比较固定，只需要搜索文字，然后等待搜索引擎给出结果就可以满足。但是移动时代由于使用场景的变更，对于用户来说有了更大的便捷性，用户会选择使用语音、使用图片来向搜索引擎发问并寻找答案，而这也就增加了搜索引擎的挑战难度。

所谓的“对象识别方法和装置”技术，是一种轮番询问的技术，当用户向搜索引擎提出某个问题后，搜索引擎就会根据问题内容再反问用户相关问题，进而收缩并确定答案，再返回给用户。李彦宏举了一个例子：当某个用户发送了一朵花的图片给搜索引擎，问搜索引擎这是什么花？这时搜索引擎会反问用户，这朵花花开的月份、高度等信息，进而帮助用户找到自己想要的信息。

李彦宏说，这种技术在时间上看好像拉长了用户搜索的时间，但事实并非如此。在传统的文字搜索结果中，往往会给用户很多不是用户想要的答案，而用户为了找到自己想要的答案会花费大量的时间去寻找，但是这种轮番询问的人机互动技术可以帮助用户不断缩小寻找信息的范围，进而找到真正想要的信息，实际上节省了大量的时间。

由于移动时代的场景复杂性，用户搜索不再是一维的文字信息查询，更多的是一种全方位的场景式搜索，用户可能直接通过拍某些建筑来向百度询问该建筑的相关历史，可能通过拍摄某些动物来在搜索引擎上获得信息，可能是通过拍摄某些英语、德语、法语、日语等旅游景点的单词直接在搜索引擎上查询其意义，也可能会直接使用自然语言问搜索引擎“姚贝娜事件进展”等问题。

移动时代的用户会本能地认为搜索引擎是一个万能的查询器，无论自己处于何处，自己所有的问题都应当被搜索引擎解决，用户也将从“坐着不动”向“到处移动”进化，这将是新的需求。而百度认识到了这点，想到了与之前不同的解决方案，并不是简单地给用户答案让用户自己去找问题，而是循序渐进地询问用户，进而给出最好的答案。

“对象识别方法和装置”只是布局中的一环

由于移动时代场景变化的多样性，不可能仅仅依靠单一技术就能坐享其成，所以“对象识别方法和装置”只是百度布局中的一环，移动时代需要大量的其他技术互相支撑才能完成技术闭环。

李彦宏对于技术的看法和库兹韦尔一样，技术的变化不是均匀的，而是指数级的，技术在经过一段时间的量变之后会出现巨大的质变，而这种质变一定是我们所有人始料未及的，百度则会为质变到来前的那个未来投入一切。百度在对未来技术的投入是不惜一切代价的，其中还包括语音识别、图片识别、深度学习等技术。

第三节　商业模式

百度推广

认识百度推广

百度推广是一种按效果付费的网络推广方式，即用少量的投入就可以给企业带来大量的潜在客户，并有效地提升企业销售额和品牌知名度。百度推广是按照给企业带来的潜在客户的访问数量计费的，因此，企业可以灵活地控制网络推广投入，以获得最大回报。

百度推广首页截图

百度推广三大优势如下图所示。

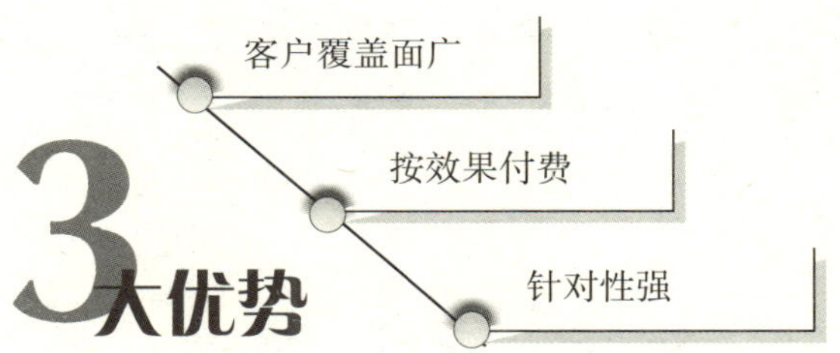

百度推广三大优势

百度推广的增值服务如下图所示。

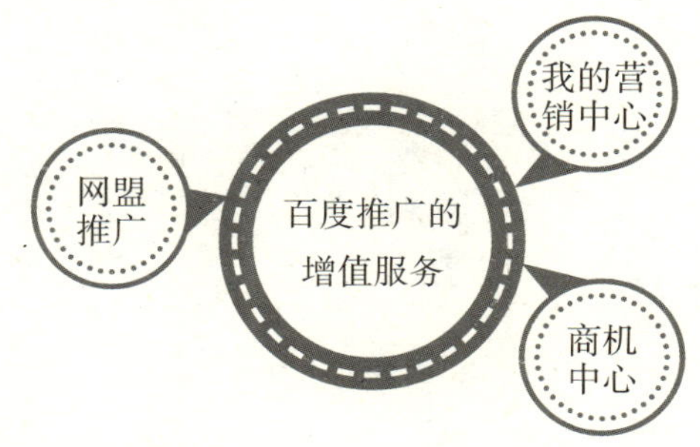

百度推广的增值服务

企业如何加入百度推广呢？如下图所示。

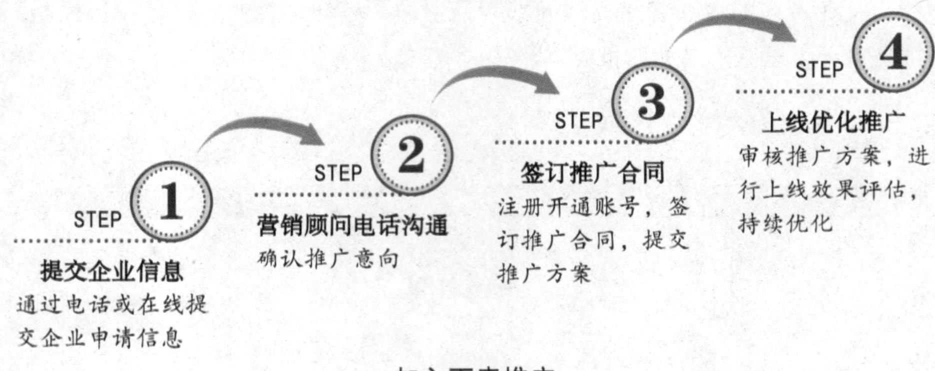

加入百度推广

移动推广

百度移动推广，是指在手机等移动设备上的百度搜索结果中显示企业的推广信息，并按点击量计费的一种搜索推广方式，是区别于传统PC推广的新型产品。百度移动推广可以使企业在移动互联网上拥有更多的推广机会，并实现更全面的推广覆盖，从而实现更大的营销价值。

百度移动推广

移动推广的特点如下图所示。

百度移动活跃用户为6.29亿

覆盖超过95%的中国移动网民

提供移动营销整体解决方案

移动推广的特点

百度移动推广不仅是传统的百度推广在移动设备上的延伸，更因为手机等移动终端特有的属性，使其具有诸多独特的价值优势，对企业抓住移动互联网商机有重大意义。移动推广的优势如下图所示。

价值扩展

移动互联网的快速发展，使网民可有效利用碎片时间，移动搜索也成为网民的“伴随式”上网行为。移动推广可实现更多的有效覆盖，并与PC推广相辅相成，进而给企业带来更大的价值利润空间

体系完备

百度移动推广，可提供企业在移动互联网时代的移动网站建设、流量分析、流量转化等全套解决方案，使企业的移动营销更加有的放矢、科学系统

样式多元，效果直接

基于手机等移动终端的特有属性，网民通过移动设备上网时的需求更加明确，进一步了解、获取企业信息及服务的意愿更加迫切。基于这些特点，百度移动推广设计了更加丰富多元的推广展现样式，使得推广效果更加直观

移动推广的优势

移动推广的展现形式包括：在线咨询（点击后弹出对话框，直接与客服在线即时交流）、留言咨询、立即报名（点击后弹出客户信息表单，客户填写基本个人信息）、立即注册、立即定购、预约挂号、预约试听、预约试驾、立即申请、立即预约等。如下图所示。

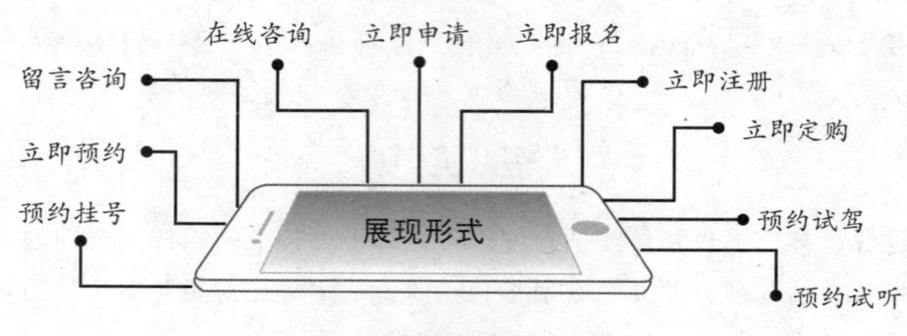

移动推广的展现形式

搜索推广

搜索推广5步

“当您找客户时，您的客户也在百度找您。”这是百度推广的一句宣传语。

而事实也正是这样，百度作为全球最大的中文搜索引擎，占据超过80%的中国搜索市场份额，更有超过5亿的中国网民已经习惯了在有需求时“百度一下”！

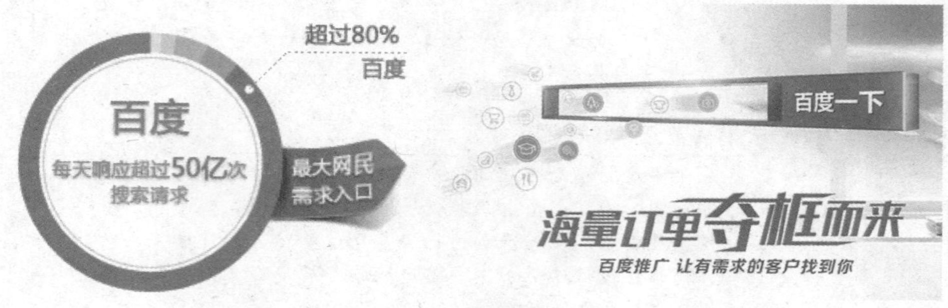

搜索推广

那么客户如何通过百度找上门的呢？如下图所示。

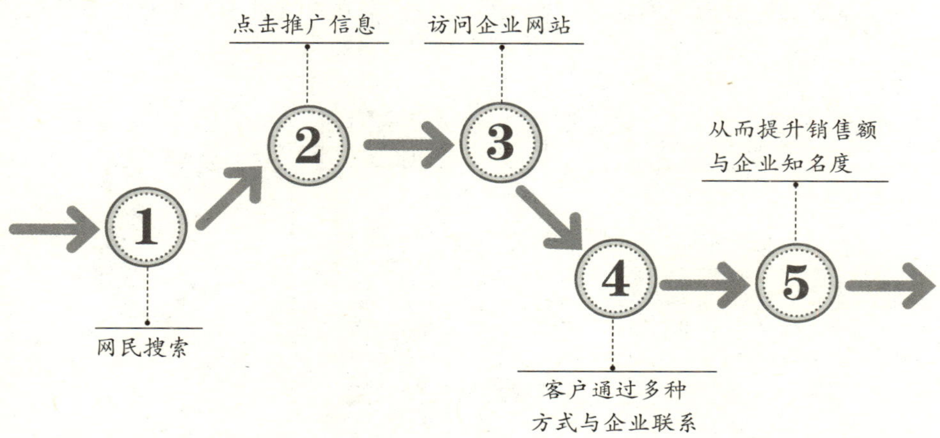

搜索推广5步

四大优势

搜索推广的四大优势如下图所示。

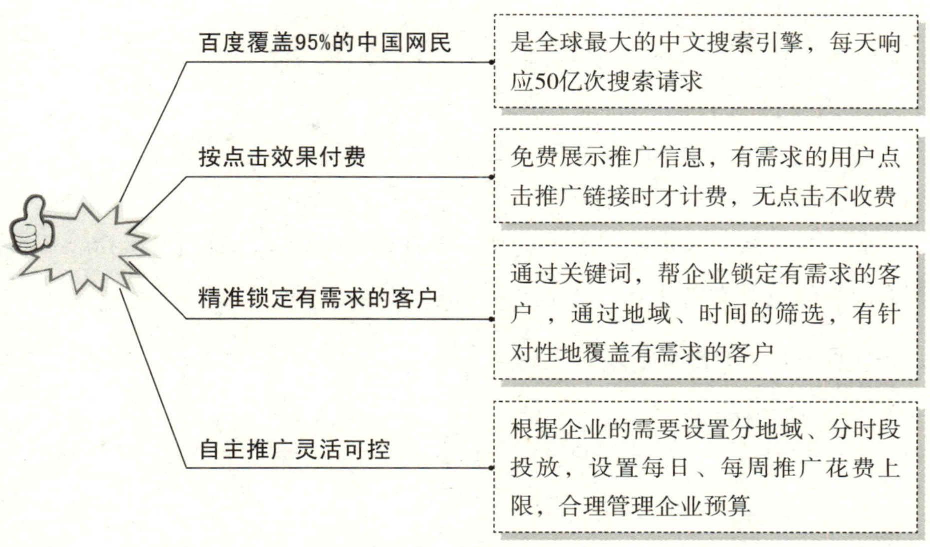

搜索推广四大优势

三种展现形式的位置

当企业推广信息与网民需求高度吻合时，会在百度搜索结果页以三种形式展现，如下图所示。

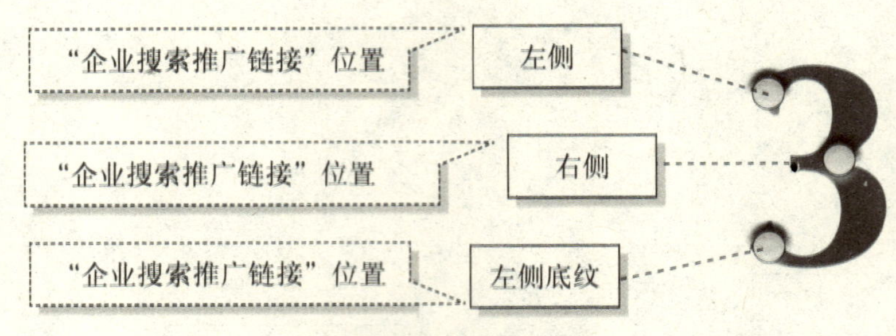

三种展现形式的位置

推广信息出现在何处，是由出价和质量共同决定的。出价高、高质量、高度吻合网民搜索需求的推广结果，将优先展示在首页左侧，余下的结果将依次展现在首页及翻页后的右侧。

推广费用

1. 开户费用

预存推广费用6000元+服务费。

2. 计费模式

按点击效果计费，展现免费。

3. 优势

百度搜索推广采取预付费制，按点击计费，无点击不计费，推广企业可以拥有海量的免费展现机会。

企业可享受的售后服务

1. 多种多样的服务方式

电话、上门、培训、电子邮件、服务网站、自助工具等。

2. 丰富全面的服务内容

账户快速开通服务、推广方案策划与咨询、流量分析评估服务、定期回访服务、网络营销专家培训会议。

3. 高效快捷的服务体系

百度建立起两级的服务体系，确保服务高标准、服务本地化。

4. 专业的网络营销学习平台

成立百度营销大学，为营销人员提供在线网络营销学习平台。

网盟推广

什么是网盟推广

百度网盟以60万家优质联盟网站为推广平台，通过分析网民的自然属性（地域、性别）、长期兴趣爱好和短期特定行为（搜索和浏览行为），借助百度特有的受众，采用定向技术帮助企业主锁定目标人群，当目标受众浏览百度联盟网站时，以固定、贴片、悬浮等形式呈现企业的推广信息。

网盟推广的优势

（1）精确定位目标客户：四大定向方式，全面洞察网络受众。

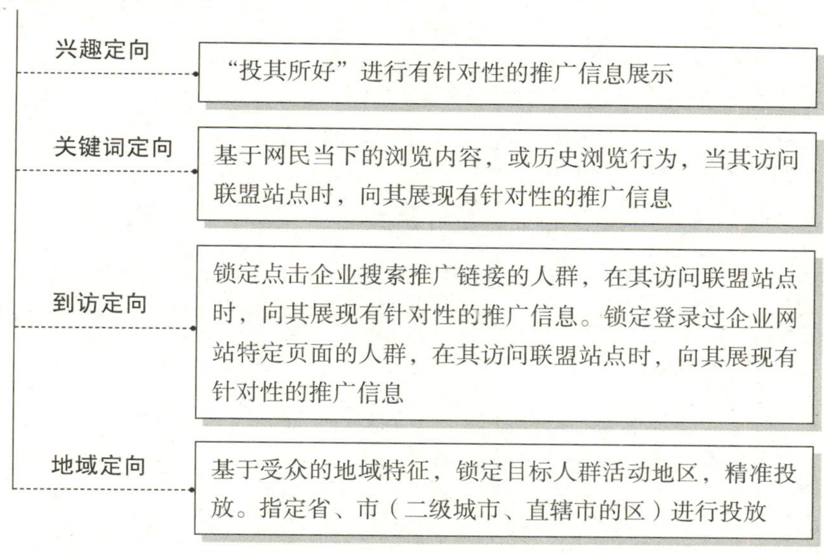

四大定向方式

（2）海量优质的媒体平台：60万家优质网站、全面覆盖目标人群。

（3）卓越的推广创意：多元展示推广信息，强力吸引顾客眼球。

（4）有效的成本控制：按推广效果付费，免费获得海量展示。

展现形式

网盟推广的三种展现形式如下图所示。

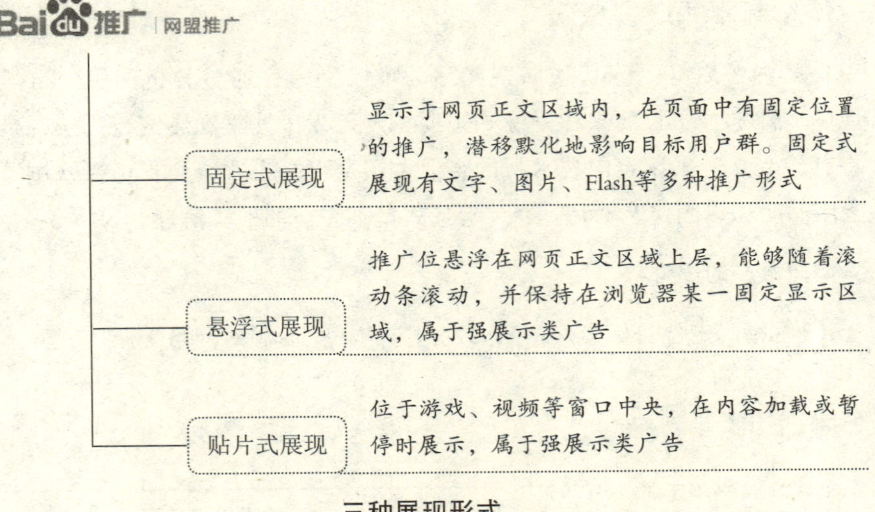

三种展现形式

品牌专区

百度品牌专区位于搜索结果首页最上方，是为品牌量身定制的专属咨询发布平台；是为提升网民品牌搜索体验而整合文字、图片、视频等多种展现结果的创新搜索模式；打通线上线下传播通路，极大地提升了品牌推广效能。

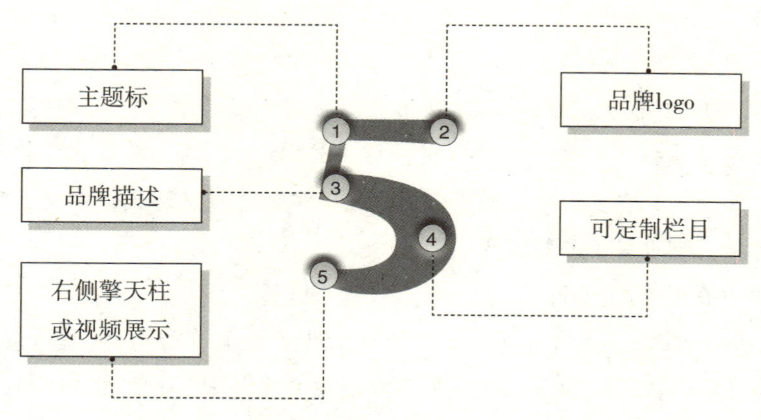

品牌专区的五个部分

【拓展阅读】 百度推广让我们提升行业的影响力

百度推广让我们提升行业的影响力

公司名称：××机械技术研究所

产品类型：榨油机、炼油机及相关配套产品

公司网站：略

平均每月的营销投入：1000～3000元

投放的主要关键词：榨油机、××榨油机

使用百度推广的初衷

××机械技术研究所成立初期，始终是在抓产品质量和企业建设，在行业内当时已经处于技术领先、产品质量领先的地位。但是客户很难找到我们，往往是被一些大肆宣传或虚假宣传的广告所迷惑，从而造成不必要的损失。使用百度推广后，我们的知名度大大提高，通过和百度的合作，我们在行业的影响力越来越大。

使用百度推广的效果

1．直接效果

使用百度推广后，公司每天收到的电话咨询量和网络访问量都上升了4倍以上，百度带给我们的新客户增长量达5～6倍，公司规模逐年扩大，营业额也稳步提升。

2. 战略效果

我们的产品是中国中小型榨油机第一品牌，获得国家农业部农机推广鉴定，产品销售占据中国中小型榨油机市场的25%以上份额，成为中国中小型榨油机行业的带头人。在百度的帮助下，我们逐渐扩大了推广地域，扩大了向海外推广的信息量，也组建了外贸团队。

客户对百度推广的评价

我们××机械技术研究所从一个传统的生产企业，转向面向国内群体的生产企业，并转化成一个触角延伸到国外贸易领域的企业。和百度合作后，我们有理由相信，在百度强大的技术支持下，我们的未来是发展成为一家集生产、销售、联合扩展、国际贸易于一体的大型企业。

百度营销中心

百度营销中心是百度为企业家打造的一站式资讯服务平台，使企业家可以在百度推广的每个环节，把握资讯脉搏，找到方案策略。

百度营销中心首页截图

百度营销中心的服务主要包含三个方面，如下图所示。

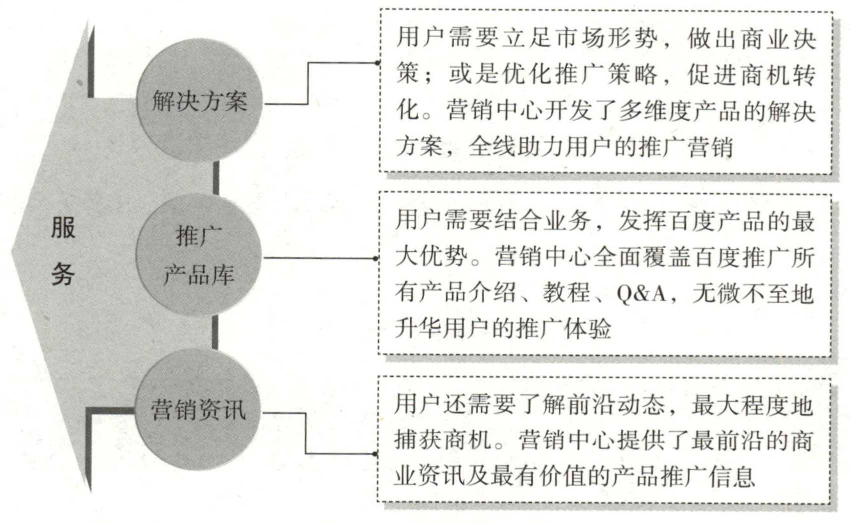

三个方面的服务

百度联盟

百度联盟依托全球最大的中文搜索引擎，提供最具竞争力的互联网流量变现专业服务。百度联盟致力于帮助合作伙伴挖掘专业流量的推广价值，帮助客户推介最有价值的投放通路，是国内最具实力的互联网联盟体系之一。

百度联盟logo

百度联盟已成功拓展和运营了搜索推广合作、网盟推广合作、知道内容合作、百度TV、CPA/CPL/CPS等业务。并先后推出先锋论坛、联盟志、大联盟认证、常青藤成长计划、互联网创业者俱乐部等多项举措帮助伙伴成长，并汇集伙伴力量建立联盟·爱公益平台回报社会。

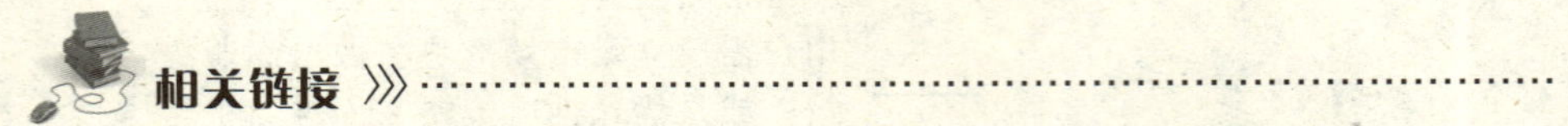

百度联盟的成长历程

从2002年百度联盟成立，到2006年召开首届百度联盟峰会，再到2015年，百度联盟已过了13年，其发展历程如下表所示。

百度联盟成长历程

时间	会员成分（单位：元）	重要事件
2002年	413万	百度联盟正式成立
2003年	1064万	正式运营搜索流量合作分成的商业模式
2004年	1090万	开始电信渠道的开拓与建设，取得南方电信及北方网通数省合作的突破性进展
2005年	2121万	打造并推广百度联盟另一龙头产品百度主题推广
		12月，建立二级联盟体系，构造联盟产业健康的生态环境，促进联盟通路的专业化发展
2006年	7518万	首届百度联盟峰会
		《联盟志》创刊
		举办百度先锋论坛
2007年	2.0470亿	第二届百度联盟峰会，大联盟认证上线百度TV业务
		上线真心服务三大承诺
2008年4月24日	4.1840亿	第三届百度联盟峰会
		方案团队正式成立
		合作推广业务上线
		百度知道联盟成立
		百度统计正式上线

续表

时间	会员成分（单位：元）	重要事件
2009年5月14日	6.9767亿	第四届百度联盟峰会，蓝天365诚信行动启动
		常青藤成长计划启动
		网盟推广正式上线
		百度广告管家正式上线
		联盟爱公益行动启动
2010年4月26日	7.581亿	第五届百度联盟峰会
		互联网创业者俱乐部
		百度联盟爱春雨行动
		框广天地　搜赢未来百度营销中国行
		互联网创业者训练营
		百度广告管家全网开放
		百度统计全网开放
2011年4月11日	10亿	第六届百度联盟峰会
		百度APP平台全面开放
		百度应用平台降低进入门槛，投入数亿元成立基金
2012年6月1日	19.3亿	第七届百度联盟峰会
		实现应用、互动流量和社交流量的变现，打造更加全面的变现平台
2013年5月24日	40亿	第八届百度联盟峰会
		Site APP+移动网盟
		百宝箱计划深入实施
		启动公益一小时，为雅安儿童送“平安”
		商业结果与用户体验平衡
2014年5月29日	70亿	第九届百度联盟峰会——骏者驰远，盟承未来
		新企业级软件
		百度公益一小时为先天性心脏病患儿捐赠188万元

续表

时间	会员成分 （单位：元）	重要事件
2015年5月29日	120亿	第十届百度联盟峰会——移动纪元，联创未来
		百度向联盟伙伴提供六个方面的支持

第四节　百度世界大会

大会简介

百度世界大会（Baidu World Congress or Baidu World Conference），是由全球中文搜索领导者百度公司举办的，一年一度针对广大客户与合作伙伴的最高级别的行业盛事。作为中国互联网产业发展和技术潮流的风向标，百度世界大会一直受业界瞩目。

截至2015年，百度世界大会已举办10届。

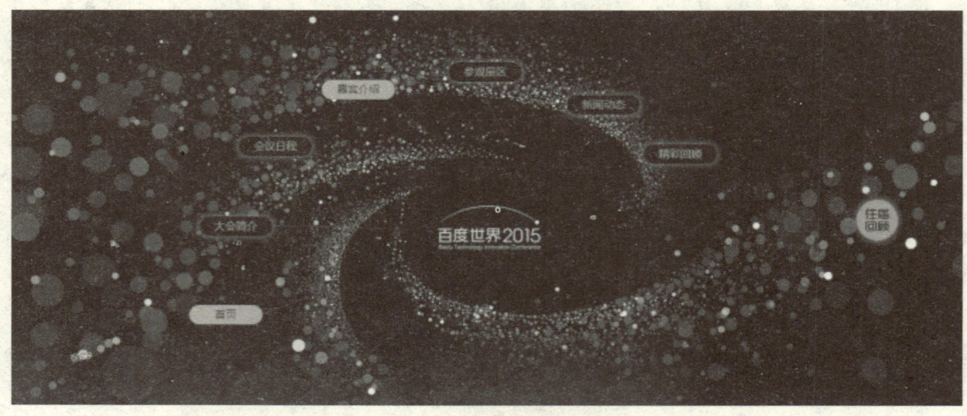

百度世界2015页面截图

大会背景

随着互联网行业的迅速发展，互联网海量信息正在改变人们获取信息以及经营商业的传统方式，同时为各种行业带来新的挑战和机遇。

百度世界大会，全方位展示百度公司的创新技术、产品与服务、业务模式，以及百度与生态价值链合作伙伴的战略合作，并举办业内最权威的学术论坛，探讨行业发展热点问题，以及最新的技术，共同迎接挑战、开拓发展机遇。百度世界大会将成为改善产业链各个环节的沟通和合作的平台，并借此提升产业链各端厂商增值服务和有效传播的能力。

发布新产品

度秘

2015百度世界大会发布了机器人助理“度秘（duer，小度机器人，简称小度）”，用户可以在手机百度6.8版本里激活。现在“度秘”已经可以满足餐饮、电影、宠物三个场景的用户需求，未来将会接入百度地图和百度糯米等百度系APP和合作伙伴的服务中，延伸到美甲、代驾、教育、医疗、金融等3600行。

度秘

相关链接》》

“小度机器人”亮相百度世界大会　李彦宏：让搜索“秘书化”

闷声研发数月后，“小度机器人”于2015年9月8日惊艳百度世界大会现场。据了解，其所具备的相关交互能力将开放给全网APP。百度已准备好告别资讯搜索时代，去“索引真实世界”。

如今O2O行业呈现井喷状态，这是百度渴望抓住的新机会。

百度CEO李彦宏不止一次感慨：中国O2O蓬勃发展使得360行裂变为今天的

3600行。统计显示，百度服务在2014年相关搜索量比2013年增长133%；在此基数下，2015年又有153%的增长。

从近年百度的持续动作中可以发现，其一直在试图将“搜索信息”的入口转型为“连接人和服务”的入口。如推出了轻应用、直达号及“善解人意”的智能机器人。

于是，便有了百度世界大会上李彦宏与小度亲切交流的一幕——他随意对着小度寒暄了几句，下单两杯拿铁咖啡，还要求预定一家鼓楼附近可以带狗的餐厅。

据了解，小度是一款完全由百度大搜索团队出品的家用智能机器人，目前尚未量产，未来定价可能在千元之上。

通过对这款机器人功能的演示，百度实际希望展示的是一种“贴身秘书一般”的搜索能力。据悉在后台提供支持的还有百度糯米、百度金融、百度地图等团队。

按其解读，这种被称为“度秘”的机器人可植入手机百度和其他产品当中，也将开放给全网APP。

“就像在PC时代，任何一个网站都可以放搜索框一样，移动互联网时代的APP都可以把‘度秘’的能力连接进去。”李彦宏说。

从“搜索信息”过渡到“连接人和服务”，“度秘”将成为搜索框的替代品。试水会被率先放在手机百度和百度地图两个用户过亿的APP上。

脸优（FaceIt）

这次百度世界大会上，百度正式向全球发布了脸优，这是一款由百度深度学习实验室开发的趣味换脸APP。

脸优主打“我能变Anything”。变狗狗、变二次元萌宠、变超级英雄！变明星、变偶像、变你爱的和爱你的人们！换脸名画、换脸电影、换脸电视剧和你身边拍到的一切面容。

脸优最大的特点是用户可以自己上传照片、图片，APP识别到脸部区域会自动生成一个脸部素材，并且可以动态实时贴合在其他脸部上，达到换脸的效果。采用基于人脸特征点定位的人脸检测技术、表情迁移技术、图像融合技术，用技术创造了一个全民都能玩得起的“黑科技”娱乐产品。

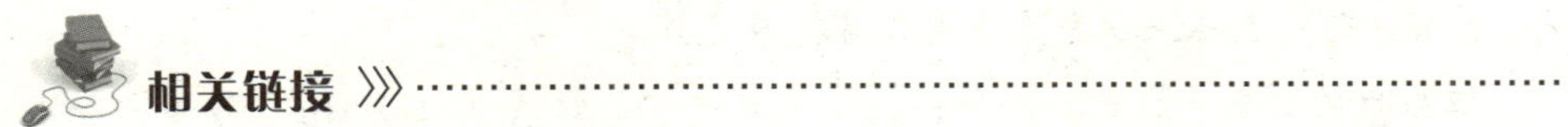
相关链接

李彦宏百度世界主题报告：索引真实世界

以下为李彦宏此次演讲的全文实录。

各位领导，各位来宾，各位企业家朋友们、媒体界的朋友们，大家上午好！

欢迎大家来到2015百度世界大会。很多人都知道，百度世界大会是一年一度百度最大的对外会议，我们利用这个机会给大家汇报过去一年中百度在技术方面各种各样的创新成果。

在过去一年中，可能大家都有感觉，O2O可以说是目前互联网行业中最火的一个领域，也就是从线上到线下。

越来越多和大家生活服务密切相关的活动，已经可以实现从线上到线下的连接。所以，我们今天把大会的主题定为“索引真实世界”，就是因为大家每天在线下做的各类活动与线上的连接已经越来越明显了。

我们举一个例子，比如说电影行业，今天中国每100张电影票当中有55张是从网上下单预订的，而电影行业在美国的互联网渗透率只有20%，也就是说100张电影票中只有20张是网上订票；再比如说，与大家更加密切相关的餐饮行业，今天中国餐饮行业的互联网渗透率是2%，也就是说有2%的餐馆的订单是网上下单，而美国是1%。

可以说，在很多O2O的领域，中国互联网已经走在前列，所以这方面需要、也应该有很多创新，尤其是技术创新出现。

各种各样的服务层出不穷，我们看到无论是在教育、医疗、金融或者平时各种各样的日常生活服务领域，都在迅速地实现线上与线下的连接。

我们以前说360行，今天我们说它正在裂变成3600行。以前的一行为什么会变成很多行？因为现在各种各样的行业从原来的到店服务变成了上门服务。

比如说可以上门洗车、上门按摩、上门美甲，甚至可以叫一个大厨到你的家里给你做饭，各种各样原来不可以上门做的服务现在都可以上门做了，而原来需要到店做的，也有很多可以在网上先下订单。我们现在每一个人出门不管是吃饭、唱卡拉OK还是去理个发，如果从网上下单的话一定能够得到更好的折扣。所以，3600行都在跟互联网产生更加直接的连接。

但与此同时也产生一个问题：没有一部手机能够装下所有APP，没有一个人能够记得住所有APP。在过去的一两年当中，百度一直在致力于解决这个问题。

百度的搜索框过去可以说是大家寻找信息的最佳入口，今天我们越来越希望它成为一个“连接人和服务”的入口。在这个搜索框里既有进行文字输入的能力，也可以接收语音、接收图片，尽量满足用户各种各样的需求。

2014年我们讲有关服务的搜索请求数量在迅速增长，相对于2013年有133%的增长。今年在基数更大的情况下，我们看到了153%的增长，也就是说用户在服务方面的需求确实在迅速增长，我们需要有一个更好的满足用户需求的方式。

但是服务需求，通常不像过去信息需求那样，通过一两个关键字就能够表达清楚，更多时候它需要通过动态的修正和多轮交互才能让我们真正理解用户和消费者的需求到底是什么。

我们看一个出行的案例。这位消费者一开始想在三亚订一个海景的酒店，客服为他推荐了一个位于亚龙湾，有私人海滩的红树林酒店，每晚是2000元，但是用户嫌太贵了。

于是客服又推荐了华宇度假酒店，它其实并不是真正的在海边，离海有一条街的距离，但是价格便宜很多。最后消费者接受了华宇度假酒店的安排。这个过程是动态修正的，并且由多轮交互实现的。

刚才的那个例子是一个典型的消费者和客服进行交流的过程，互联网能不能够像客服一样，能不能像人一样自然地跟消费者交流，理解消费者的需求，并且提供优质的服务呢？我现在给大家介绍一个新朋友，它可能离这样一个理想已经很近了。

我是从百度的角度来考虑的。百度每天要服务数亿网民，而百度的理想又是希望能够让所有人最平等、最便捷地获取信息、找到所求，刚刚有位朋友说得很对，我们的理想是让这样的应用能够免费。怎么样才能免费呢？这是我们昨天才刚刚发布的最新版的手机百度6.8版本。

这个版本的手机百度就已经集成了这样的智能机器人的能力，它可以像刚才的小度机器人一样，满足你各种各样的需求。这个功能怎么启动呢？当你按手机百度搜索框的麦克风的时候，它在下方就产生一个小度机器人的logo，你再点击这个logo，就会调起机器人。

我们的工程师给这个小机器人起了个名字，叫作“度秘”，百度的“度”，秘书的“秘”，英文名字叫作“duer”，也就是说，它像秘书一样。这样的一个机器人，它能够为我们的用户提供秘书化搜索服务，这跟过去大家见到的市场上各种各样的其他的智能机器人是很不一样的。

过去的智能机器人主要是卖萌、卖呆，你可以调戏它，让它给你讲笑话，今天“度秘”的出现，实际上是真正能够帮到我们每一个人，去给你提供服务的。

我刚才对“度秘”提了一系列要求，大家可以看到它几乎是有求必应的，什么样的要求都能够理解，如果有相应的服务它也都能够帮你找到。大家可能感觉到，这样秘书化的“度秘”，跟我们以前见到的产品很不一样，它有非常高的技术含量。那么“度秘”到底是怎么炼成的呢？

我来给大家解释一下，其实它就是我们所说的“索引真实世界”，它基本上由三个部分组成。第一就是最底层的连接3600行。

我们有一个开放的接口，即刚才提到的各种各样的O2O服务，可以很方便地连接到百度来。同时我们也看到在教育、医疗、金融、餐饮各个领域都有很多服务，已经可以和互联网进行对接了，有百度糯米这些自营的服务，也有百度投资的企业以及股权合作企业的服务。

比如优步（Uber），他们的出行服务也都用这种方式连接进来了。单是连接进来还不够，因为刚才我演示的很多需求并不是现在的主流APP能够满足的。即使你知道用哪个APP，也不能很方便地直接获取服务。

第二个，中间这一层，就是全网数据挖掘，我们要为这些已经能够提供的服务打标签。一个餐厅能不能带宠物、有没有明星去过、它的包间里面有没有电视机等等，这些特征我们都需要进行索引。这就是我们说的“索引真实世界”，我们要给服务打标签，建立丰富的索引维度。

第三个，最上面这一层就是大家看到的“度秘”，它可以智能地跟人、跟消费者进行沟通，理解你的需求，把服务真正地送到你的手上。所以通过这三个部分，我们就实现了“索引真实世界”，而它的接口就是大家看到的“度秘”。大家有兴趣可以下载最新版的手机百度，就可以尝试最新的服务了。

此外，“度秘”不仅仅是百度最新的产品，它还是一种能力。这个能力不只是手机百度里面有，以后在百度其他的APP里也将逐步接入。并且在全网所有的APP当中，如果开发者愿意，我们都会开放给他们，让他们都可以连接进来。

就好像在PC时代，任何一个网站都可以放搜索框一样，移动互联网时代，任何一种APP都可以把“度秘”这种能力连接进去。

这是电影《穿Prada的女魔头》的片段（屏幕展示，略），大家看后有什么感觉？老板很舒服，秘书很辛苦。电影中展示的就是现在人当秘书能够做到的，未来我们希望“度秘”也能够做到这样。

我们让每一个人都有一个贴心、贴身的秘书，并且你用得越多它就越了解你，它可以帮你处理琐事，让你集中精力去做你喜欢并擅长的事情，让你有更多的时间享受美好生活。

这样的“专属秘书”，随着它的不断学习，你会越来越离不开它。我们希望未来有一天，无论你是一年级的小学生还是七八十岁的老人都能够通过“度秘”平等、便捷地享受互联网服务、找到所求。

第五节　最具价值品牌

中国最具价值品牌

2015年1月27日，WPP集团和华通明略公司发布了第五届BrandZ™最具价值中国品牌100强名单。百度品牌价值30897百万美元，位列第五。

	品牌		行业	品牌价值（百万美元）	年同比变化率	品牌贡献
1	腾讯	Tencent腾讯	科技	66,077	95%	4
2	阿里巴巴	Alibaba.com	零售	59,684	新	2
3	中国移动	中国移动 China Mobile	电信服务	55,927	-9%	5
4	中国工商银行	ICBC 中国工商银行	银行	34,521	-13%	2
5	百度	Baidu百度	科技	30,897	55%	5
6	中国建设银行	中国建设银行	银行	21,005	-18%	2
7	中国石化	SINOPEC	石油和天然气	15,493	18%	3
8	中国农业银行	中国农业银行	银行	15,427	-20%	2
9	中国石油	PetroChina	石油和天然气	12,022	-11%	3
10	中国银行	中国银行 BANK OF CHINA	银行	11,861	-13%	2

最具价值中国品牌前10强

百度品牌价值同比增长55%，位列品牌价值增长10强第八。

品牌价值增长10强

因为2014年BrandZ™最具价值中国品牌报告的排名从50强扩大到了100强，2015年版本首次囊括了100强品牌的同比价值变化情况。

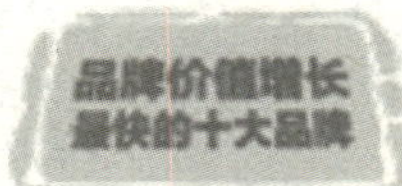

	品牌		2015年较2014年的品牌价值变化（%）	行业类别	所有制性质	品牌价值（单位：百万美元）	在2015年100强中的排名
1	腾讯	Tencent腾讯	95%	科技	市场导向型	66,077	1
2	携程	ctrip 携程	71%	旅游	市场导向型	1,224	44
3	比亚迪	BYD	69%	汽车	市场导向型	1,314	41
4	学而思	TAL好未来	64%	教育	市场导向型	219	92
5	明牌珠宝	MINGR 明牌珠宝	59%	珠宝零售	市场导向型	260	85
6	蒙牛	蒙牛	57%	食品和乳品	竞争型国企	4,869	18
7	新东方	新东方 XDF.CN	56%	教育	市场导向型	1,179	45

8	百度	Baidu百度	55%	科技	市场导向型	30,897	5
9	珠江啤酒	珠江啤酒 PEARL RIVER	48%	酒类	竞争型国企	347	79
10	汉庭酒店	汉庭	45%	酒店	市场导向型	348	78

品牌价值增长10强

品牌贡献只衡量品牌在消费者心目中的影响力，不考虑财务或其他因素。品牌贡献得分最高5分，最低1分，得分高表明品牌富有生命力，未来有可能带来丰厚的收益。百度品牌贡献5分，位列品牌贡献20强第三。

品牌贡献20强

市场导向型品牌在品牌贡献20强中占据了绝对优势，共有13个市场导向型品牌入选。

	品牌		品牌贡献	行业类别	所有制性质	在2015年100强中的排名
1	乐视网	Letv乐视网	5	科技	市场导向型企业	37
2	蒙牛	蒙牛	5	食品和乳品	竞争型国企	18
3	百度	Baidu百度	5	科技	市场导向型企业	5
4	伊利	伊利	5	食品和乳品	市场导向型企业	17
5	福临门	福临门	5	食品和乳品	竞争型国企	83
6	新东方	新东方 XDF.CN	5	教育	市场导向型企业	45
7	老凤祥	老凤祥	5	珠宝零售	竞争型国企	60
8	青岛啤酒	TSINGTAO	5	酒类	市场导向型企业	31
9	新浪	sina新浪网 sina.com.cn	5	科技	市场导向型企业	47
10	苏泊尔	SUPOR 苏泊尔	5	家电	市场导向型企业	87
11	中国移动	中国移动 China Mobile	5	电信服务	战略型国企	3
12	全聚德	全聚德	5	餐饮	竞争型国企	81
13	百丽	BeLLE	5	服饰	市场导向型企业	56

14	光明	光明乳业 Bright Dairy	5	食品和乳品	竞争型国企	49
15	如家酒店	如家酒店	5	酒店	市场导向型企业	66
16	汉庭酒店	汉庭	4	酒店	市场导向型企业	78
17	索菲亚	索菲亞衣柜	4	家具	市场导向型企业	75
18	中国电信	中国电信 CHINA TELECOM	4	电信服务	战略型国企	13
19	老板	ROBAM 老板	4	家电	市场导向型企业	65
20	腾讯	Tencent腾讯	4	科技	市场导向型企业	1

来源：BrandZ™ / Millward Brown
品牌贡献衡量的只是品牌影响力对于收益的影响，最高5分，最低1分。

品牌贡献20强

中国最受尊敬企业

由《经济观察报》主办的“2014—2015年度中国最受尊敬企业评选”颁奖典礼于7月29日在北京全国政协礼堂举行。30家公司获奖，百度公司在列，如下图所示。

2014—2015年度中国最受尊敬企业（按拼音首字母排序）		
百度集团	李宁（中国）体育用品有限公司	新华人寿保险股份有限公司
宝马（中国）汽车贸易有限公司 华晨宝马汽车有限公司	内蒙古和信园蒙草抗旱绿化股份有限公司	英特尔（中国）有限公司
广东东鹏控股股份有限公司	奇瑞汽车股份有限公司	招商局地产控股股份有限公司
广东欧珀移动通信有限公司（OPPO）	青岛啤酒股份有限公司	中国东方航空集团公司
广汽本田汽车有限公司	日立电梯（中国）有限公司	中国工商银行股份有限公司
国际商业机器（中国）有限公司（IBM）	上海大众汽车有限公司	中国民生银行股份有限公司
海航集团有限公司	上汽通用汽车有限公司	中国农业银行股份有限公司
华为技术有限公司	施耐德电气（中国）有限公司	中国平安保险（集团）股份有限公司
京东集团	苏宁云商集团股份有限公司	中国三星
聚美优品	新东方教育科技集团	中国忠旺控股有限公司

2014—2015年度中国最受尊敬企业

全球最具创新力企业

2015年8月25日，福布斯发布《2015全球最具创新力企业榜》，100家上榜企业中，中国大陆上榜的有6家企业，百度排在第十一位。下表为全球最具创新力企业榜前二十。

2015全球最具创新力企业榜前二十

排名	公司名	国家/地区	12个月销售额增长（%）	创新溢价（%）*
1	特斯拉汽车/Tesla Motors	0	52%	84.82%
2	Salesforce.com	0	28.44%	77.81%
3	亚力兄制药/Alexion Pharmaceuticals	0	22.70%	72.50%
4	再生元制药/Regeneron Pharmaceuticals	0	35.91%	72.13%
5	ARM控股/ARM Holdings	0	–	69.76%
6	联合利华印尼/Unilever Indonesia	0	8.57%	67.90%
7	因赛特/,Incyte	0	73.42%	67.85%
8	亚马逊/Amazon.com	0	17.18%	67.64%
9	安德玛/Under Armour	0	28.77%	66.56%
10	BioMarin Pharmaceutical	0	35.58%	65.19%
11	百度/Baidu	0	41.72%	64.66%
12	Aspen Pharmacare Holdings	0	–	63.96%
13	怪物饮料公司/Monster Beverage	0	11.19%	63.31%
14	卡塔马兰公司/Catamaran	0	48.30%	63.17%
15	天顶制药/Vertex Pharmaceuticals	0	–24.30%	62.39%
16	FleetCor科技	0	48.08%	61.62%
17	CP All	0	19.21%	61.18%
18	Verisk分析公司/Verisk Analytics	0	10.78%	61.01%
19	乐天/Rakuten	0	17.98%	58.81%
20	上海莱士/Shanghai RAAS Blood Products	0	116.19%	58.50%

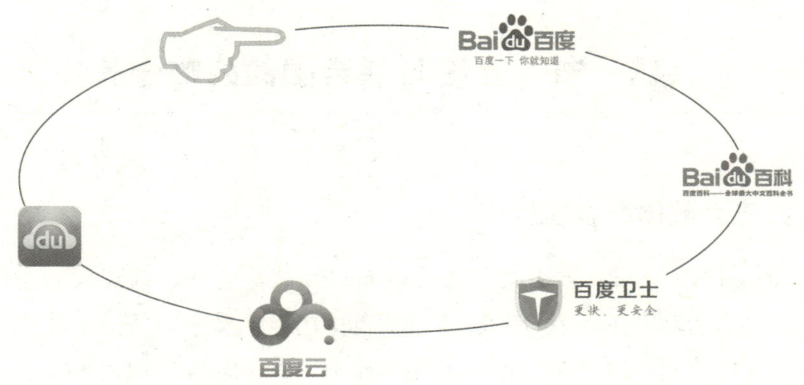

第五章
百度公司，强强合作

导言：

李彦宏说：“百度的战略重点不仅是要‘连接人和信息’，也要‘连接人和服务’。”百度与其他企业一样，不管是技术型企业还是金融行业，其终极目标都是为了实现“连接人和服务”。

第一节　百度与联合国的战略合作

共建大数据联合实验室

2014年8月18日，联合国与百度宣布启动战略合作，共建大数据联合实验室，这也成为联合国开发计划署在全球范围内首次携手科技企业建立大数据实验室。百度将利用自己强大的技术创新实力，助力联合国解决环保、健康等人类发展问题。

据悉，联合国开发计划署与百度共建大数据联合实验室的目标是探索利用大数据解决全球性问题的创新模式。近期，联合实验室的工作重点将会聚焦在创新项目的研发上，并利用百度的大数据技术，对行业数据进行分析加工及趋势预测，以更加科学地为联合国制定发展策略提供建议。现阶段，实验室的研究重点是环保、健康两大领域，未来还将针对教育、灾害管理等人类发展的众多议题展开深入研究。

相关链接》》

潘基文对话李彦宏：科技创新是时代发展的答案

2015年9月4日，联合国秘书长潘基文在访华期间，与百度董事长兼CEO李彦宏进行了面对面的交谈。这位来自韩国的老人家，虽已是古稀之年，但依然精神矍铄。一落座，他就用中文向李彦宏及数亿中国网友问好。

此刻李彦宏不仅是上市公司掌门人、中国互联网领军人物，也是中国网友的代表。他手里握着百度贴吧征集来的10个问题，用英语侃侃而谈。

潘基文首先说，“我这次来中国，是想对中国及中国人民表达深深的敬意。你们为维护世界和平与安全做出了巨大的贡献和牺牲。你们为自由、安全而战的勇气，得到了全世界的认同。”

应中国国家主席习近平的邀请，潘基文与俄罗斯总统普京、韩国总统朴槿惠等多国领导人一起，参加了中国人民抗日战争暨世界反法西斯战争胜利70周年的盛大阅兵仪式。联合国正是在世界反法西斯战争胜利当年成立的国际机构。

他与李彦宏的对话也是此行之重点，一方面与中国网友交流；另一方面与李彦宏探讨国际合作、经济发展与环境保护问题。

李彦宏执掌的百度公司向来注重技术引领，而潘基文在交谈中也多次强调，“我们生活在一个伟大的变革时代，科技创新是这个时代发展的答案。”

“经济发展和环境保护应该如何兼顾？”李彦宏问。

潘基文说，“全球气候变化来势汹汹，有时不得不果断采取严格举措，比如中国政府就做出了巨大努力。过去国际社会借着工业化与发展的名义，滥用自然资源，这十分危险。所幸现在越来越多的政府和国际组织已经行动起来，联合应对全球环境与气候难题。”

李彦宏以亲身经历举例问，“中国人想要走出国门，首先要花许多时间来学习英语，英美国家是否具有天然优势？”

潘基文说，语言之间的不平等确实存在，联合国有 6 种官方语言，就是对语言多边主义的支持。他鼓励所有人努力学习母语之外的其他语言，并通过外语去学习他国的历史文化。

许多中国网友关心年轻人发展的问题。潘基文对此表示，年轻人值得关心和投资，青年发展正是他任期内的工作重点。此前，他创立了秘书长青年特使一职，首位特使上任时年仅27岁，是联合国里“最年轻的小伙子之一”。他认为，年轻人能够改变世界。

李彦宏又问，“下一任联合国秘书长会是一名女性吗？”

潘基文说，“不少人建议最好是一名女性。联合国成立70年来，历任秘书长都是男性，女性秘书长的出现可能对联合国产生重大影响，但这一决定最终取决于所有成员国。”

会谈现场，潘基文和李彦宏共同发布了“百度回收站”直达号，帮助解决中国电子垃圾的回收难题，减少电子垃圾进入非正规拆解渠道造成的严重环境污染和资源浪费问题。

潘基文表示，百度作为科技互联网公司，不断尝试利用自身的科技与平台，帮助解决公共领域的问题，值得称赞。

2015年是联合国千年发展目标的收官之年，也是新的“十五年发展议程”的启动之年，联合国为此提出了零贫困、零饥饿、人类健康等17个可持续发展目标。

2015年9月下旬，世界各国领导人将聚首纽约，出席联合国发展峰会，为未来15年国际发展事业规划新蓝图。

身为联合国世界环境日环保公益大使和促进可持续发展数据革命独立专家咨询小组联合主席，李彦宏向潘基文承诺，百度将继续为中国乃至全球的环保与可持续发展贡献一己之力。

“百度回收站”

2014年8月18日，联合国与百度的战略合作发布会还同步发布了大数据联合实验室的第一个环保解决方案——“百度回收站”轻应用测试版。用户打开最新版手机百度，直接拍摄家中的旧电视、旧电冰箱等电子垃圾，系统就会通过图像技术自动识别、显示电子垃圾类别和回收价格等信息；消费者填写相关信息后，就会有正规回收厂商上门进行回收。

据介绍，“百度回收站”基于手机百度庞大的用户群，有效连接用户和正规回收厂商。特别是充分利用百度大数据技术，对行业数据进行分析处理，将有助于传统行业建立动态物流体系，实现电子产品全生命周期管理，打造了绿色回收产业链，从而减少非正规渠道造成的职业危害、环境危害。

据环境保护部废弃电器电子处理信息系统数据显示，2009—2013年，中国理论电子垃圾报废量平均每年增长21.6%，而实际正规渠道处理的电子垃圾只占理论报废量的40%。基于电子垃圾问题的紧迫性，它已经成为联合国开发计划署2014年的第二大议题。 在这样的背景下，百度回收站应运而生。

相关链接 》》

“百度回收站”直达号获评联合国“全球目标解决方案”

美国当地时间2015年9月27日，在联合国总部召开的创新解决方案峰会上，包括“百度回收站”在内的14个可持续发展项目，被评选为“全球目标解决方案”。在此次评选中，“百度回收站”从来自全球100多个国家的838个不同解决方案角逐中脱颖而出，成为唯一代表中国入围并被评选为“全球目标解决方案”的项目。同时，联合国也借此活动宣传和表彰了世界各地富有创新力、为可持续发展目标的实现做出突出贡献的科学家、发明者、工程师与企业家。

在为期3天的联合国可持续发展峰会上，17项可持续发展目标（SDGs）得到193个成员国一致通过。这17个目标涵盖消除贫困和饥饿、可持续城市和社区、负责任的消费和生产等涉及全球可持续发展的重要议题。

“百度回收站”直达号是百度与联合国开发计划署成立大数据联合实验室之后，创立的第一个环保解决方案，涵盖17个可持续发展目标中的第三项（良好健康与福祉），第九项（工业、创新和基础设施），第十二项（负责任的消费和生产）以及第十三项（气候行动）目标。该解决方案在2014年推出1.0版本。2015年9月，联合国秘书长潘基文访华期间，与百度CEO李彦宏共同发布了升级版本——“百度回收站”直达号解决方案。

在“百度回收站1.0”的成功经验之上，“百度回收站”直达号旨在进一步利用大数据的力量，以O2O的形式连接电子垃圾回收商和普通民众，鼓励民众通过正规途径回收电子垃圾，减少污染，提升公共环保意识，让电子垃圾回收过程更便捷、更高效。2014年，在北京、天津两座城市进行了项目试点，成果显著，共回收了11429台电子垃圾。2015年，“百度回收站”直达号将大家电、小家电回收服务范围扩大到22个城市，发展了2870名正规上门回收人员。除此之外，手机、Pad、笔记本电脑回收城市覆盖中国全境。

“百度回收站”直达号这种O2O电子垃圾回收模式已经获得国际认可，对于解决全球可持续发展问题有重要的示范作用和参考意义。和“百度回收站”同时获评“全球目标解决方案”的还包括乌干达的非洲监狱项目、英国的生物炭工程学项目、澳大利亚的超级计算和食物安全项目、摩洛哥的立法实验室等13个项目。联合国电视台对本次峰会进行了现场网络直播。

第二节 百度和Uber的战略合作

中美互联网公司首次深度合作

2014年12月17日，百度与硅谷新兴创业公司Uber在北京签署了战略合作及投资协议，Uber公司宣布接受百度的战略投资，双方达成全球范围内的战略合作伙伴关系。协议签订之后，百度和Uber会在技术创新、开拓国际化市场、拓展中国O2O服务三方面展开合作。

百度与Uber的合作也是中美领先的互联网公司之间首次达成的深度战略合作，是互联网公司发展的里程碑。

合作共赢的模式

易观智库数据显示，在2015年第一季度，百度地图以62.2%占据了中国手机地图应用活跃用户覆盖率首位，远超第二位高德地图的27.1%。

百度地图不仅承担“寻路”的角色，还会推荐周边的生活服务。加入Uber后，百度地图形成“地图定位—查找路线—叫车”模式，更符合用户习惯与期盼。

百度与Uber的合作如何达到共赢呢？如下图所示。

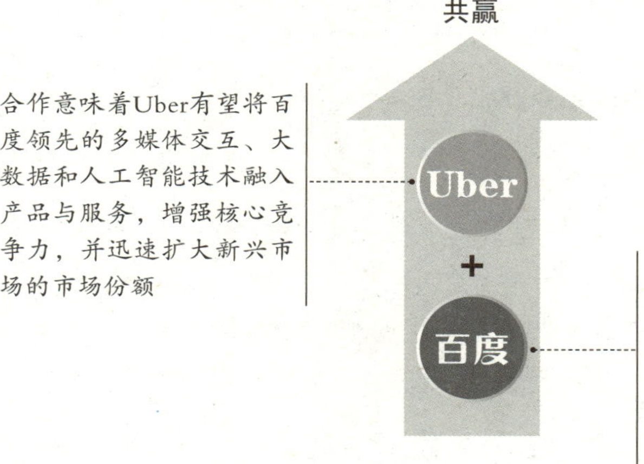

百度与Uber的共赢

投资之意不在打车

百度投资Uber，从财务角度讲，绝不会是赔本的买卖，但百度公司的出发点绝不止于此。李彦宏在宣布与Uber合作的时候讲了百度投资的两点原则：其一，百度任何一个投资行为都是从战略和商业合作的角度出发的；其二，百度不会为了纯粹的财务回报而去做任何的投资，这是他们的一个底线。

那么百度投资Uber的终极目的是什么呢？

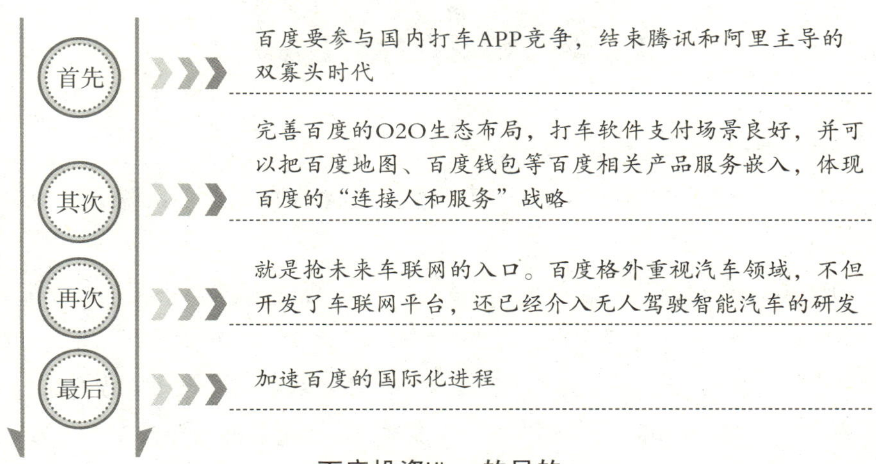

百度投资Uber的目的

【拓展阅读】 UBER TECHNOLOGIES，Inc.

UBER TECHNOLOGIES，Inc.

Uber简介

Uber（全称UBER TECHNOLOGIES，,Inc.）是一家风险投资的创业公司和交通网络公司，总部位于美国旧金山，用移动应用程序链接乘客和司机，提供租车或实时共乘的服务。乘客可以通过发送短信或是使用移动应用程序来预约车辆，并可以利用移动应用程序追踪车辆的位置。

Uber大事记

2009年，Uber由特拉维斯·卡兰尼克和格瑞特·坎普成立，起初名为“UberCab”。

2010年6月，Uber在旧金山推出服务，同年8月莱恩·格雷夫斯就任首席执行官，不久后离职，由卡兰尼克接任。格雷夫斯为营运副总裁和董事会成员。同年，Uber在旧金山地区推出其移动应用程序，支持iOS和Android系统的智能型手机 。

2010年下半，Uber获得加州硅谷一群超级天使投资者的创业投资资金挹注。

2011年，Uber获得多方投资，使其总创业投资资金达到4950万美元。

2012年4月，Uber在芝加哥测试了以较低价预约传统出租车的服务。2012年7月，Uber进入伦敦市场，最初车队拥有90位奔驰、BMW和捷豹汽车的驾驶员。7月13日，为了庆祝“国家冰淇淋月”（National Ice Cream Month），Uber在7个城市推出“Uber冰淇淋”（Uber Ice Cream）活动。

2013年7月3日起，Uber开始在纽约市和汉普顿（The Hamptons）间提供实验性的直升机招呼服务，称为“Uber Chopper”，定价为3000美元。

2013年6月27日，Uber在台湾台北市进行试营运，并于7月31日开始正式营运。

2014年6月6日，Uber宣布在新一回的募资活动中获得了12亿美元的投资。

2014年6月19日，Uber正式于香港部分地区推出服务，初期服务范围仅涵盖中环及邻近地区。2014年8月14日，Uber于香港增加了招呼普通出租车的服务。

2014年7月24日，Uber推出支持Windows Phone的智能型手机应用程序。

2014年12月17日，Uber宣布接受百度的战略投资。

2015年2月20日，虽然在西班牙被禁，但Uber又重新在西班牙推出了送餐服务。每餐价格约为10欧元，外加2.5欧元的配送费。该公司希望借此保持其在西班牙市场的存在感。送餐服务名为“Uber Eats”，而在旧金山和比佛利山庄的类似服务则名为“Uber Fresh”。

2015年3月4日，Uber首次收购地图及搜索创业公司deCarte。

2015年3月18日，Uber被指在中国偷税漏税，公司收入直接汇入国外账户。

2015年4月9日，打车应用Uber宣布，将在印度首都新德里推出机动三轮车打车服务UberAUTO，以提升公司在印度的影响力，并与当地一家对手竞争。

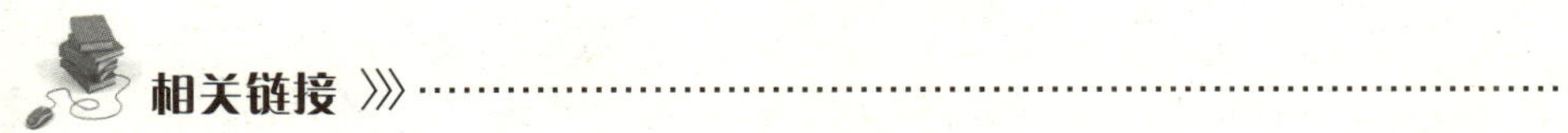

优步站牌受关注：与百度网易合作　能定位还能“唱歌”

2015年11月7日，据中国之声《新闻晚高峰》报道，社会各界围绕专车新政征求意见稿的讨论还在继续，各家专车公司拓展业务，创造新模式的脚步也在加快。滴滴出行近期连续引入试驾和巴士业务，不断拓宽出行版图。优步（Uber）

则不断登陆新的城市，推广包括拼车服务在内的各项业务；其中，一个叫“优步站牌”的功能，受到不少用户的关注。

不少在线打车的朋友们可能都有一个苦恼，和司机沟通上车位置很麻烦，开专车的司机也往往因为找不到乘客的具体位置而兜圈子、费油钱。

有用户反应，有时候手机定位非常不准确，司机的导航定位也不一定准确，这样就会导致乘客和司机就算只隔200米也很难找到彼此。

优步站牌的具体做法是，专车软件公司在一些地方设立线下上车点，让乘客和司机在这个位置会合。这一产品2015年8月在广州首发，目前已在成都、天津、杭州、青岛等城市线下布局。最近，优步又在深圳携手万科、花样年等合作方共同宣布设立深圳首批近50个优步站牌。优步中国公关黄雪在接受记者采访时表示，通过乘客反馈，他们发现，特别是在一些大型社区、商圈周围，地方会很难找，有站牌就容易多了。而且，不同的城市站牌还有全新的功能，比如在深圳，有内置的Wi-Fi功能，用户可以在站牌附近手机连上Wi-Fi。杭州前段时间跟绿城和网易云音乐合作，发布了全球第一块会唱歌的站牌，除了Wi-Fi功能，还有网易云音乐提供的比较舒缓的音乐。

此外，优步还将在百度地图中加入优步站牌的地理位置信息，使得两者的合作更进一步。

未来每当乘客遇到自己周边的情况比较复杂，也没有明显地标的时候，就可以去百度地图里搜索一下，看看最近的优步站牌在哪里，司机也可以通过百度地图导航，很容易地找到相关站牌。

不过，有关在百度地图中使用优步站牌的操作细节，双方团队还在接洽中。

第三节　百度与中国移动的战略合作

共建首个移动互联网云计算中心

2015年2月5日，中国移动与百度宣布，双方达成战略合作，携手共建新一代移动互联网云计算中心——百度亦庄新一代搜索数据中心（一期）。这将成为业界首个针对移动互联网业务进行大规模部署的云计算中心。

据悉，此次百度亦庄新一代搜索数据中心（一期）由中国移动和百度共同投资、合作建设，建筑总面积约为38000平方米，计划部署4万多台服务器。该中心将采用业内先进的绿色节能设计理念，并使用市电直供、后备式高压直流等一系列百度自有专利技术，是技术参数设计为国内最高密度、最低功耗、最佳平衡和自动运维的云计算中心，且其处于世界先进、国内领先的技术水平。百度亦庄新一代搜索数据中心（一期）将于2016年初投入运营，届时，中国移动将为百度提供1388个高功、高密机柜。

百度与中国移动合作的意义

中国移动拥有全球最大的TD-LTE 4G网络，4G用户数已达9000多万，拥有海量的用户数据及丰富的建设、运营云计算中心的经验。中国移动位于北京、广州的云计算基地已经陆续投入运营，哈尔滨、贵州、苏州等地的项目也进入规划建设阶段。

百度亦庄新一代搜索数据中心一期的建成投产，标志着中国移动对数据中心的建设管理和运营水平已位列行业前茅，未来必将进一步有效地提升中国移动大数据处理的效率，为客户提供更加快捷的移动互联体验。

凭借领先的技术实力，百度云计算已成为国家云计算产业的创新名片，此前在北京、上海、阳泉等地成功建设多个大型数据中心的基础上，百度已在设计、施工、数据存储和处理能力方面积累了丰富经验，百度领先的大数据与人工智能技术也将有效地提升数据处理效率，并通过深入挖掘用户需求，提供智能化服务。

中国移动与百度的此次合作开启了互联网公司与运营商合作共建云计算中心的全新模式，对于中国移动等电信运营商由CT产业向大ICT产业全面转型，以及百度等大型互联网公司提高移动互联网服务能力和用户体验，均具有重要的标志性意义。

【拓展阅读】 中国移动大事记

中国移动大事记

CMCC的全称为“China Mobile Communications Corporation”，为中国移动通信集团公司（简称“中国移动”），于2000年4月20日成立，是一家基于GSM，TD-SCDMA和TD-LTE制式网络的移动通信运营商，2000年5月16日正式挂牌。中国移动通信集团公司全资拥有中国移动（香港）集团有限公司，由其控股的中国移动有限公司（简称“上市公司”）在国内31个省（自治区、直辖市）和香港特别行政区设立全资子公司，并在香港和纽约上市。

1. 中国移动TD-LTE“双百”计划

2013年中国移动4G网络覆盖将超过100个城市，4G终端采购将超过100万部，在2月26日巴塞罗那2013年世界移动通信大会上，中国移动董事长奚国华发布了中国移动TD-LTE“双百”计划。

2. 中国移动、苹果终牵手

2013年12月23日，中国移动与美国苹果共同宣布，双方已达成长期协议，中国将正式引入支持中国移动3G、4G网络的iPhone 5S和iPhone 5C。

这意味着两巨头长达6年的谈判终于画上了句号。在过去的6年时间里，由于不太出色的3G网络和没有销售苹果iPhone手机，已导致中国移动流失了大量用户。

2013年12月23日，中国移动与美国苹果共同宣布，双方已达成长期协议，将在中国正式引入支持中国移动3G、4G网络的iPhone 5S和iPhone 5C。

3. 港版iPhone特殊更新

2014年1月11日，中国移动为港版iPhone 5s和iPhone 5c推送运营商更新，港版iPhone 5s和iPhone 5c可以原生支持中国移动的3G和4G网络，告别A/B卡激活。

4. 流量不清零

2014年5月14日中国移动宣布，自6月1日起面向全国客户推出新的4G资费标准，不仅大幅下调资费水平，而且打破了流量月度清零的计费方式。

5. 国际流量“包天”资费

2014年9月25日，中国移动对外宣布，10月1日起将面向全球143个国家和地区推出“3元/6元/9元流量包”，其中18个国家和地区可以“30元/60元/90元流量包天随便用”，27个国家和地区已支持4G漫游。

6. 4G建设

2014年10月29日，中国移动提前启动TD-LTE网络第三期建站工程建设，截至2015年上半年，中国移动已建成超过94万个4G基站。

中国移动的TD-LTE第三期工程继续增强网络覆盖和系统容量，重点放在农村市场，将东部发达省份的乡镇和政府村也纳入4G网络覆盖范围，移动宽带服务开始延伸到农村。

相关链接

百度：移动安全需全产业链通力合作

2015年11月5日，移动互联信息安全创新发展研讨会在京召开，会议邀请了国内多位通信领域和互联网领域专家，针对未来5G网络环境下的安全构架建设、移动安全技术发展方向以及未来产品服务等问题进行了深入探讨。百度首席移动安全专家姜向前受邀参加会议，姜向前就移动安全的现在与未来发展趋势做了详细的分享，他认为："从用户角度来看，移动安全问题是不容忽视的，未来5G时代，从OS到芯片、硬件厂商、提供商以及终端用户，应该是全产业链不同层面进行通力合作，给消费者提供更安全的服务。"

移动安全问题是用户真真切切的痛点

"国内移动安全现状的改善是刻不容缓的"，姜向前表示。在其演讲PPT上可看到，2015年上半年，全国垃圾短信数量总体呈上涨趋势，总数为199亿条，每月人均接收7条垃圾短信。此外，2015年上半年，中国移动网民接收到的骚扰电话总量是392亿次，平均每人每月会被骚扰电话骚扰14次。

除了常规的骚扰之外，伪基站和风险Wi-Fi是两个比较新兴的诈骗手段。截至2015年上半年，伪基站短信总量超过7亿条。目前，伪基站除了能发送短信之外，还能提供语音和网络服务，对用户的威胁更大。对于风险Wi-Fi，姜向前表示："据百度移动安全8月调查数据显示，百度手机卫士用户接入风险Wi-Fi的次数达到5.25亿次，超过38%的用户连接过风险Wi-Fi。如果当时的网络环境是被刻意下载的话，那么用户的个人信息就很容易被盗取。"

"这些是用户真真切切的痛点"，姜向前认为。

百度移动安全构建完整生态

百度移动安全自成立以来，一直致力于安全技术的研发与用户数据的分析，并建立了安全生态圈，在新的安全的大环境下，百度已经围绕手机、PC和云端构建了完整的生态体系。随着完整生态体系的构建，百度也将技术、数据和平台面向开发者与合作厂商开放，共同促进移动网络环境的优化。

"结合我们的研究成果，我们已经面向第三方服务提供商和手机厂商开放了百度号码认证平台，搭载了这个平台之后，第三方厂商在向用户提供服务时能够实时地拦截垃圾短信与诈骗电话。对于用户来说，百度手机卫士的垃圾短信拦截功能通过数据的分析，能够对垃圾短信进行智能的鉴别与拦截。同样，基于大数据基础，百度手机卫士已经对1亿个举报电话数据进行了分析，诈骗电话号码识别准确率高达到98%。"姜向前向在场嘉宾分享，"在百度移动安全的体系下，安全服务是面向上游与下游双向输出的。"

百度移动安全生态的开放，不仅是为第三方厂商提供了技术与资源的支持，同时也希望进一步促进第三方厂商与互联网企业的深入合作，迈过鸿沟，打通产业链的上下游实现通力合作，在未来5G时代给所有移动用户带来更加安全的移动生活环境与消费环境。

第四节　百度与工商银行的战略合作

2015年6月26日，百度与工商银行签署了战略合作协议。双方将在互联网金融、地图服务、网络营销、金融业务以及生活服务等业务范围内开展合作。作为全球最大的商业银行和全球最大的中文搜索引擎，工商银行和百度的合作将进一步推动互联网与金融行业的融合。

互联网金融等多领域合作

根据协议，百度与工商银行将开展长期、全面、深入的互联网、金融及市场营销合作，拟建立长期、全面、稳定的战略合作伙伴关系，并致力于成为新兴互联网技术与传统金融行业深度合作的新典范。

在金融领域

工商银行将为百度提供资金支持及业务合作，并满足百度融资类业务的需求。目前百度金融已经在教育信贷领域与清华大学、北京航空航天大学等知名院校及教育机构开展教育金融合作，提供教育贷款支持，这将帮助更多想学习、有梦想的群体找到实现梦想的新路径；同时推出针对消费者的普惠消费信贷业务以及针对互联网生态企业的小额信贷服务。

医疗领域

双方将通过医患双选平台——百度医生展开互联网医疗合作，包括挂号服务等合作内容。至2015年6月，百度医生已在全国9个省开通预约医生服务，覆盖约2000家医院和4万多名医生。

地图服务方面

百度将利用地图产品和LBS定位技术上的优势和经验，与工商银行合作为客户提供营业网点、自助银行位置信息服务，为工商银行提供营业网点、自助银行位置信息服务，并为工商银行相关产品端提供地图开发技术支持。百度地图目前以超过70%的市场份额占据市场绝对领先地位。

此外，百度与工商银行将整合双方在生活服务及金融服务领域的优势，百度直达号和百度糯米也将和工商银行展开深度合作，开展包括在线支付、线上POS收单等业务合作。

百度+工商银行，互联网与金融行业融合升级

在移动互联网时代，百度战略从“连接人与信息”延展到了“连接人与服务”。按照2015年初百度业务架构调整，新成立的新兴业务事业群组由百度总裁张亚勤领军，将在金融、教育、医疗、数字内容与数字娱乐等多个垂直领域和国际化市场不断深耕，改写行业规则，创造“连接人与服务”的新市场。

在金融领域，国内金融服务市场供给和需求存在很多不平衡的地方，而以百度为首的互联网公司则可以为网民和广大的企业提供更具差异化的、更普惠的金融服务。

百度总裁张亚勤表示，金融是互联网渗透最快的领域之一。一方面它是个垂直行业，另一方面金融也是一个杠杆，可以帮助撬动别的业务。百度用消费金融特别是教育信贷作为切入点，充分利用百度的技术和用户资源，建立强大

的账户体系、风控模型和征信体系，打开局面。

百度金融事业部秉承百度“连接人与服务”战略，通过创新的手段和方式为百度生态企业和用户提供便捷的互联网金融服务。针对产业互联网中的生态企业推出联盟贷产品，提供小额贷款服务，针对消费互联网的用户推出百度有钱产品，提供更普惠的消费信贷服务。

随着此次与工商银行签署战略合作协议，百度在互联网金融领域的发展将获得更多金融资源的支持，这将对互联网金融行业的发展产生重大影响。

相关链接

中国工商银行正式发布工银票据电子化交易平台

2015年11月9日，中国工商银行在其票据专营机构——票据营业部成立15周年之际，于上海正式发布工银票据电子化交易平台，开辟了我国“互联网+票据”发展的新蓝海。

2000年，工商银行在上海率先成立了我国第一家票据专营机构。15年来，工商银行票据营业部经营效益持续增长，累计实现票据交易量超过17万亿元，累计创利超过160亿元，管理水平稳步提升，创新发展能力不断增强，已成为工商银行票据业务发展，乃至我国票据市场发展中不可或缺的重要力量。

站在新的发展起点，工商银行推出票据电子化交易平台，依托融e购平台，在票据资产托管服务的基础上，为客户提供集自由报价、交易匹配、票据交易、资金清算、风险控制、统计分析、信息资讯等功能于一体的票据综合服务。客户可以通过交易平台自由发布报价信息、精确匹配交易需求，高效安全地完成票据权属变更和资金清算，实现票据交易全流程的电子化，获得全新的票据业务经营体验。

工商银行票据营业部总经理郭伟在发布会上表示，随着国家“互联网+”行动以及促进互联网金融健康发展等相关政策的深入实施，票据市场正迎来新一轮强劲成长的历史机遇。作为全国首家票据专营机构的开创者，工商银行有责任，也有信心和能力在这场变革中担纲起引领者的使命，以票据电子化交易平台为契机，全面提升票据市场的价值创造能力、服务品质和风险管理水平，以自身发展的新优势和新动能，书写票据市场发展的新篇章。多年来，工商银行在票据业务领域积累了丰富的运作经验，建立了成熟的管理模式，形成了科学有效的风险管理架构，这些都是发展票据电子化交易的巨大优势。工商银行希望通过票据电子化交易平台，大幅提高票据交易效率，有效控制市场风险，降低市场运行成本，并逐步形成市场价格发现机制，构建市场征信体系，促进票据市场向更高阶段发展，加快推进互联网与票据业务领域的创新融合。

经过近3年的创新实践，工商银行在票据电子化交易方面取得了长足发展。2015年1月，工银票据电子化交易平台正式在工商银行融e购电商平台投产试运行。通过10个月的试运行，工银票据电子化交易平台已经取得良好开局，获得了客户的较高认可和较好的市场反响，平台用户已超过300户，累计发生票据交易报价近5000亿元，实际成交近4000亿元。

工银票据电子化交易平台仅仅是工商银行实施“互联网+票据”战略的开端。面向未来，工商银行将把票据电子化交易深度融入互联网金融发展战略中，以全新的视角，积极打造一个涵盖银行间票据交易市场、票据理财市场、企业票据资产管理市场、票据衍生品市场的全方位票据投融资综合服务平台，为广大客户提供更加多元、更富价值、更具效率的票据产品和服务，更好地服务票据市场的健康发展和实体经济的转型升级。

第五节　百度地图携手三星Tizen

共建LBS开发者生态

2015年9月17日，第四届三星Tizen全球开发者大会（Tizen Developer Conference，简称“TDC 2015”）在深圳举行，会议以“Tizen，连接一切，舍我其谁”为主题，分为IoT（物联网）&可穿戴设备、电视、设计、游戏、应用程序开发、平台发展等6个主题，共安排38个技术分会场。

百度公司副总裁、百度移动服务事业群副总经理刘骏在大会上进行了主题演讲，宣布："百度地图和Tizen将共建LBS开发者生态，为广大第三方开发者提供无限可能。"

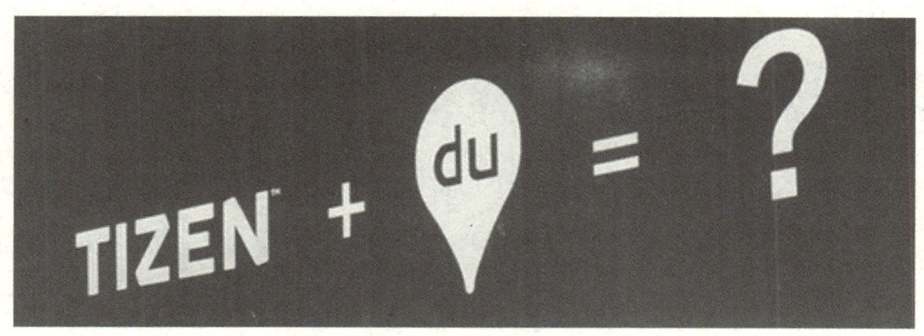

百度地图 & 三星Tizen

毫无疑问，占据了70%以上的市场份额的百度地图是当之无愧的行业领导者，日均相应的定位请求次数已达到230亿次，有超过75%以上的开发者通过百度地图的SDK实现各种LBS服务；而三星Tizen系统定位的是整个物联网的生态。双方的合作将使第三方开发者可以通过调用百度地图SDK提供的接口，来使用百度地图的服务和数据，在Gear手表等更多的Tizen系统智能设备上，开发功能丰富、交互性强的LBS类应用。

合作基础

在以LBS为底层服务的工具平台上，百度地图沉淀了大量生活服务的资源基础。包括百度糯米、百度外卖、去哪儿、Uber在内的众多TOP生活服务平台均已接入百度地图，覆盖出行、餐饮、酒店、娱乐等众多领域。

刘骏表示，“百度地图已逐渐从‘工具化’向‘服务化’转型，成为大众生活服务平台。”因其天然的“连接人与服务”的入口优势，百度地图在O2O实战中也斩获甚多，从2014年到2015年初，百度地图日交易量实现了6倍的增长，同时带动了合作伙伴业务的快速增长。

而之前，百度和三星Tizen平台已有长期的深入合作，自2013年初，百度地图就为Tizen系统先后交付SDK、Wi-Fi定位等多项服务，适配三星多款智能设备。在即将推出的三星Gear S2手表等采用Tizen系统的智能设备上，用户都可以使用到针对该系统开发的百度地图，这也让百度地图完整覆盖了包含iOS、Android、PC以及Tizen等在内的全部主流平台。

Tizen 3.0 全平台物联

TDC 2015发布了面向IoT（物联网）时代的Tizen 3.0，其能够在移动设备、可穿戴设备、电视乃至Micro Profile（大部分家电和小型IoT设备中没有Display的产品群）中实现兼容。

Tizen 3.0 是面向IoT时代的高性能轻量化产品，因此玩高配游戏更加顺畅，编辑视频功能也有所提升。还能通过Micro Profile，支持手机、可穿戴设备 、电视乃至各种小型IoT（物联网）等产品。同时还能通过基于OIC 的IoTivity，实现各种设备之间的兼容。

百度副总裁刘骏称， “百度和三星在Tizen平台的基础上进行了深度的技术合作，从手机到智能穿戴设备，为将来联合发展开发者生态打下了坚实基础，并希望基于Tizen的物联网愿景能够尽快实现。”

【拓展阅读】 LBS定位服务

LBS定位服务

什么是LBS?

位置服务（LBS，Location Based Services）又称“定位服务”，LBS是由移

动通信网络和卫星定位系统结合在一起提供的一种增值业务，通过一组定位技术获得移动终端的位置信息（如经纬度坐标数据），从而提供给移动用户本人或他人以及通信系统，实现各种与位置相关的业务。实质上是一种概念较为宽泛的与空间位置有关的新型服务业务。

LBS的三大目标

关于LBS的定义有很多。1994年，美国学者Schilit首先提出了位置服务的三大目标：你在哪里（空间信息）、你和谁在一起（社会信息）、附近有什么资源（信息查询）。这也成为了LBS最基础的内容。

服务类型

2004年，Reichenbacher将用户使用LBS的服务归纳为五类：定位（个人位置定位）、导航（路径导航）、查询（查询某个人或某个对象）、识别（识别某个人或对象）、事件检查（当出现特殊情况时向相关机构发送带求救或查询的个人位置信息）。

组成部分

从技术的角度看，LBS实际上是多种技术融合的产物。LBS的组成部分：移动设备、定位、通信网络、服务与内容提供商。

第六节　百度与微软的战略合作

百度携手微软

北京时间2015年9月24日，百度与微软在美国正式宣布进行战略合作，百度将成为中国市场上Windows 10 Microsoft Edge浏览器的默认主页和搜索引擎。同时，百度将通过“Windows 10直通车”提供Windows 10下载升级服务。

Windows 10 直通车

打造双赢局面

百度与微软两大巨头的联手，可谓互补双赢，那么双方都得到了什么呢？如下图所示。

效应一 微软放弃Bing选择百度，是聪明之举

目前国内搜索市场格局稳定，就搜索引擎产品来说，百度在技术层面和商业层面都是中国市场绝对的领先者，包括PC端和移动端，其他中国搜索引擎如搜狗、360等将剩余市场瓜分殆尽，后来者和外来者机会渺茫。此时，百度代替Bing成为Windows10的默认主页和搜索引擎，不仅能给中国用户更好的搜索体验，还可以使微软赢得百度在中国市场的战略支持，如Windows10服务的推广等

效应二 百度得到又一用户入口，O2O战略蓝图添重要一笔

近年来，百度不仅在从内部挖掘整合所有资源支持O2O战略，同时还广泛接纳战略合作者。成为Windows10的默认主页和搜索引擎的百度必将如虎添翼

效应三 加速人工智能由技术向生活服务转化

目前，国内O2O市场一片混战，百度急需进一步提升自己的竞争优势。与Windows 10的战略合作，对于百度来说，更大的意义在于它是技术向生活服务转化的一个标志

双赢效应

合作的未来效应

当下的合作对于百度和微软双方意义重大，然而这个战略合作是否能产生更大的效应呢？如下图所示。

效应一　**在国际市场联手，形成战略同盟**

对于两大IT巨头来说，其业务触角已经渗透到全球的各个角落。尽管比起微软来说，百度在国际化方面尚处于起步阶段。但是，百度近些年来在国际化方面的布局也是引人瞩目，而与微软的合作也并不是刚开始，早在2015年7月，百度与微软就达成了合作，两大巨头很可能在国际市场上再次联手，微软很可能会在其他国家推广百度的搜索引擎服务，形成横跨中国和美国互联网行业的第一个国际化的战略同盟

效应二　**共享人工智能等新技术，加速商业化**

近年来，微软小娜和小冰的推出，使得微软在人工智能方面的技术能力得以展现，而百度在人工智能方面的技术能力，则在“度秘”身上展现。所以，当百度和微软强强联手，若能实现人工智能等新技术的共享和交流，那么必将加速人工智能等技术进一步发展和商业变现，甚至有改变未来世界互联网发展格局的可能

效应三　**共同掘金O2O**

尽管目前O2O生活服务格局未定，但却很可能改变中国互联网格局，甚至在世界范围内造成影响。随着移动互联网时代的到来，中国互联网巨头的创新活力将被彻底激发，不再是跟随着美国互联网巨头的脚步亦步亦趋，而是开始根据自身的国情探索服务自身发展的商业模式。而一旦O2O生活服务在中国得到验证，中国的互联网巨头们很可能会随之进军国外，而微软与百度合作之后，很可能也会搭载上百度这个中国互联网巨头，在未来巨大的全球O2O生活服务市场上分得一杯羹

合作的未来效应

总体来看，对于百度和微软双方来说，无论是着眼于当下的互补共赢，还是着眼于未来的两大巨头的全球利益，这次基于Windows 10的战略合作的达成，都具有重要意义。

【拓展阅读】关于微软

关于微软

公司名称	微软公司
外文名称	Microsoft Corporation
联合创始人	比尔·盖茨、保罗·艾伦
成立时间	1975年4月4日16时
成立地点	美国新墨西哥州阿尔伯克基市
总部地点	美国华盛顿州雷德蒙德市
中国总部	中国北京海淀区知春路49号
公司性质	上市公司、外商独资
公司口号	新效率（New Efficiency）
现任董事长	约翰·汤普森
首席执行官	萨蒂亚·纳德拉
首席运营官	凯文·特纳
微软技术顾问	比尔·盖茨
员工数	99000人（2014年）
世界500强	第95位（2015年）
主要软件产品	Windows，Office，IE
主要硬件产品	Surface，Lumia，Xbox
年营业额	8683300万美元（2015年）
利润	2207400万美元（2015年）

第七节　百度换股携程

百度与携程换股

2015年10月26日，百度宣布与携程达成一项股权置换交易。根据交易内容，百度将通过此交易将之前拥有的178702519股去哪儿A类普通股和11450000股去哪儿B类普通股置换成11488381股携程增发的普通股。该项交易的股票置换比例是每个去哪儿美国存托凭证可转换成0.725个携程美国存托凭证。

交易完成后，百度将拥有携程普通股可代表约25%的携程总投票权，携程将拥有约45%的去哪儿总投票权。

包括携程董事会主席兼CEO梁建章先生和联合总裁兼COO孙洁女士在内的4位携程高管将被任命为去哪儿董事会董事；百度董事长兼CEO李彦宏先生和百度副总裁及投资并购部负责人叶卓东先生将被任命为携程董事会董事。

百度和携程还将在产品和服务领域开展商业合作。同时，百度将继续和去哪儿现有的商业合作。

整合O2O资源

香港著名投行交银国际研究报告显示，百度在移动端布局持续深化的基础上，凭借充足的现金流、地图服务、数据技术，以及坚定的信心，保持O2O领域的不断拓展。百度先后布局团购、外卖、OTA、金融、医疗等多个领域，并通过促成携程、去哪儿的合并，在短时间内一跃成为OTA领域霸主，与阿里巴巴、腾讯呈现三足鼎立之势。携程、去哪儿的合并，将大幅提升百度旅游O2O交易额，并带动百度整体利润率的上升。

此次百度与携程的换股，可谓三方得利，如下图所示。

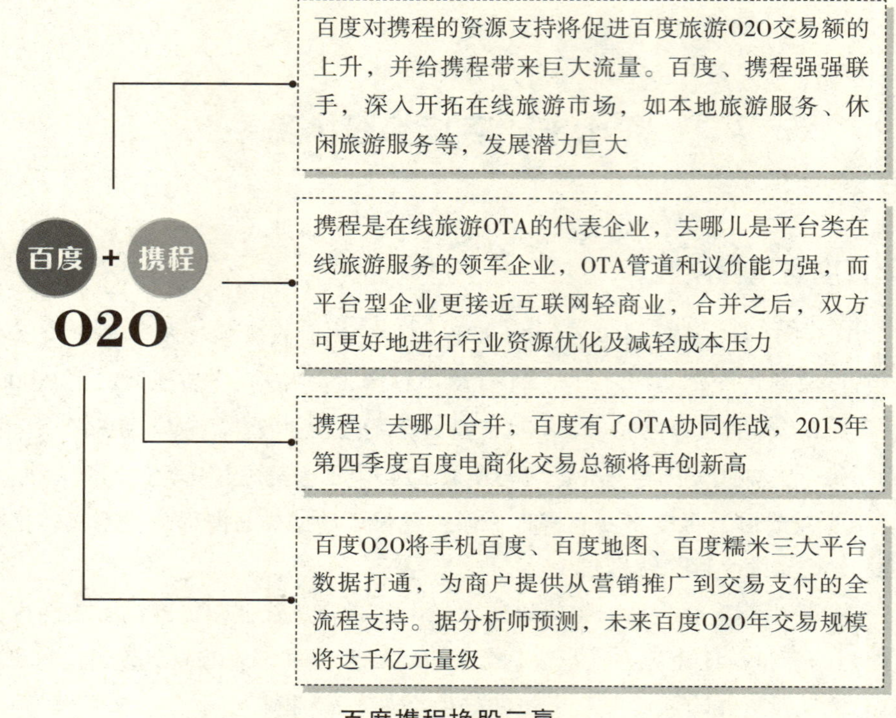

百度携程换股三赢

【拓展阅读】 去哪儿

去哪儿

去哪儿是一个旅游搜索引擎中文在线旅行网站，创立于2005年2月，总部在北京。作为一家创新的技术公司，去哪儿致力于为中国旅游消费者提供全面、准确的旅游信息服务，促进中国旅游行业在线化发展、移动化发展。去哪儿为消费者提供机票、酒店、度假产品的实时搜索，并提供旅游产品团购以及其他旅游信息服务，为旅游行业合作伙伴提供在线技术、移动技术解决方案。

2005年5月，去哪儿成立。作为中国首创的旅游搜索引擎，这是中国旅行者第一次可以在线比较国内航班和酒店的价格和功能。

2006年7月，著名的硅谷风险投资商Mayfield和金沙江创投完成对去哪儿的投资。

2007年5月，去哪儿独立用户访问量突破500万，并被明确定位为中国最热门的旅游新媒体之一。10月，独立用户访问量突破1200万。11月，去哪儿的酒店搜索的数据量首次突破15000家。

2008年4月，去哪儿推出了备受注目的新服务签证搜索频道。

2009年11月12日，去哪儿在北京宣布完成第三轮1500万美元的风险投资融资。12月去哪儿全面超越携程，成为全球最大的中文在线旅游网站。

2010年3月，去哪儿推出其第四大旅游搜索平台——火车票搜索频道。

2010年7月云哪儿正式发布行程管理软件Trip Planner，Trip Planner是中国国内第一款针对在线旅游领域开发的行程管理软件。

2011年6月24日，去哪儿与全球最大的中文搜索引擎公司百度共同宣布，双方进行深度战略合作，百度对去哪儿网站进行战略合作投资，金额为3.06亿美元。

2013年11月2日凌晨，百度旗下旅游预订服务去哪儿周五在纳斯达克股票交易所成功挂牌上市（交易代码：QUNR），收盘暴涨逾89%。

2014年10月，去哪儿宣布和中信银行联合推出一款在线“存款证明”，可免去用户出国旅游或者留学必须冻结一笔存款的烦恼。

2014年12月25日，去哪儿宣布投资全国性旅游连锁机构旅游百事通。

2015年1月29日，去哪儿和22家高端酒店集团在上海宣布达成同盟，以期在大数据时代共同整合在线旅游产业链，打造高端住宿出行生态圈。

2015年10月26日，携程公告称，与去哪儿同意合并，合并后携程将拥有45%的去哪儿股份。此次携程与去哪儿合并的形式为百度出售去哪儿股份，然后控股携程，百度将拥有携程25%的股份。

【拓展阅读】 携程旅行网

携程旅行网

关于携程

携程是一个在线票务服务公司，创立于1999年，总部设在中国上海。携程旅行网拥有国内外60多万家会员酒店可供预订，是中国领先的酒店预订服务中心。携程旅行网已在北京、广州、深圳、成都、杭州、厦门、青岛、沈阳、南京、武汉、南通、三亚等17个城市设立分公司，员工超过25000人。2003年12月，携程旅行网在美国纳斯达克成功上市。

携程大事记

1999年10月，携程旅行网开通。

2002年3月，并购北京海岸航空服务有限公司。

2002年10月，当月交易额首次突破1亿元人民币。

2003年10月，机票预订网络覆盖国内35个城市。

2003年12月，在美国纳斯达克上市，创纳市3年来开盘当日涨幅最高记录。

2004年9月，与招商银行联合推出国内首张双币种旅行信用卡。

2004年10月，推出全新360°度假超市，首推休闲度假旅游概念。

2004年11月，宣布分红，成为美国纳市首只分红的中国网络股。

2004年12月，斥资2000万美元建造现代化在线旅行技术服务中心。

2006年3月，进军商旅管理市场。

2006年6月，在全国14所大学设立携程阳光助学金。

2007年5月，推出国内首张商旅精英信用卡——中行携程卡。

2007年6月，携程网络技术大楼正式落成并投入使用。

2007年6月，举办服务2.0研讨会。

2007年11月，单月机票销售突破100万张。

2008年1月，携程旅行网牵手旅游卫视，联手打造携程环球DIY。

2008年3月，携程旅行网英文网站全新上线。

2008年5月，携程度假体验中心登陆各大机场。

2008年7月，温家宝总理来上海携程总部视察。

2008年12月，中共中央政治局常委、国务院副总理李克强来携程考察工作。

2008年12月，携程南通呼叫服务中心正式启动。

2009年1月，携程旅行网发布第一份企业公民报告。

2010年5月8日，拥有超过1.2万个呼叫席位的携程信息技术大楼在江苏南通经济技术开发区正式落成。

2011年1月12日，与上海知名餐饮预订服务提供商订餐小秘书在上海正式签署合作协议，携程对订餐小秘书进行战略投资，双方将发挥各自优势，共同深度拓展中国订餐市场。

2014年9月1日，携程出资5亿元联合中信产业基金对华远国旅进行战略投资。

2015年10月26日，携程与去哪儿合并，合并后携程将拥有45%的去哪儿股份。此次携程与去哪儿合并的形式为百度出售去哪儿股份，然后控股携程，百度将拥有携程25%的股份。

东兴证券：百度换股携程迎来再估值目标价216美元

2015年11月2日，东兴证券发布百度第三季度财报点评报告指出，与携程换股将帮助百度进一步完善O2O领域的布局，这对拉动股价上升有重要意义。同时，东兴证券将百度的目标价定为216美元。

据报道，百度通过交换手中大部分的去哪儿股票，获得了携程25%的投票权，并进入了携程的董事会，携程方面则获得了去哪儿接近45%的投票权。百度将与携程在产品和服务领域开展商业活动，同时会继续和去哪儿的商业活动。

对此，东兴证券TMT互联网分析师汤杰在报告中指出，百度、携程换股之后，百度将不再需要合并去哪儿的报表，这将有效地提升百度的利润率。据推算，百度第四季度财报的运营利润率将会提高至18%。现阶段，作为中国最具有实力的移动互联网公司，BAT三家纵横捭阖，都试图在未来市场格局中占据一席之地，以扩大未来在移动端的版图。东兴证券机构认为，在线旅游市场潜力巨大，未来前景无限。与携程换股后，百度在OTA市场扳回一局，获得了OTA市场的重要入口。分析师预测，未来通过有效整合百度旗下的百度地图、手机百度等重要资源，百度在在线旅游市场方面会率先完成O2O布局，实现商业闭环。

资料显示，百度在2012年股价低迷之时，凭借收购91无线，一举扭转颓势。业内人士指出，百度与携程换股的意义不亚于当年收购91无线。东兴证券对此表示认同，并进一步指出考虑到百度未来可能通过独立上市、并购出售的方式缓解

O2O业务带来的财务报表压力，换股对向外界释放出百度战略调整的信号来说十分重要。

百度第三季度财报显示，该季度百度糯米、百度外卖和去哪儿的电商化交易总额（GMV）为602亿元人民币，同比增长119%。这标志着百度作为一家全方位的移动公司，服务交易转型将进入加速期。考虑到将去哪儿业务剥离后，百度财务模型会更加吸引投资人，东兴证券对百度股价予以重新评估，将目标价提高至216美元。

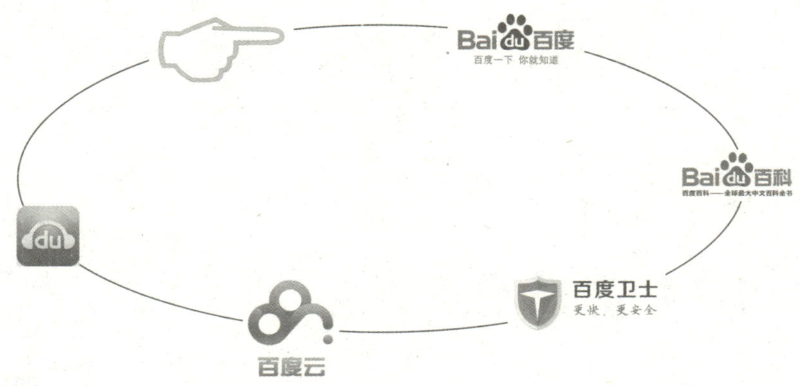

第六章
百度公司，竞争中强大

导言：

李彦宏曾经说过：“在PC搜索领域，我们从来不缺竞争对手，也从来不惧怕竞争对手。”本章内容将和读者一起分析百度的竞争对手。

第一节　百度VS Google

百度与Google的差异

关于百度与Google的差异，李彦宏指出，百度和Google的差异可以分为两个阶段来说。如下图所示。

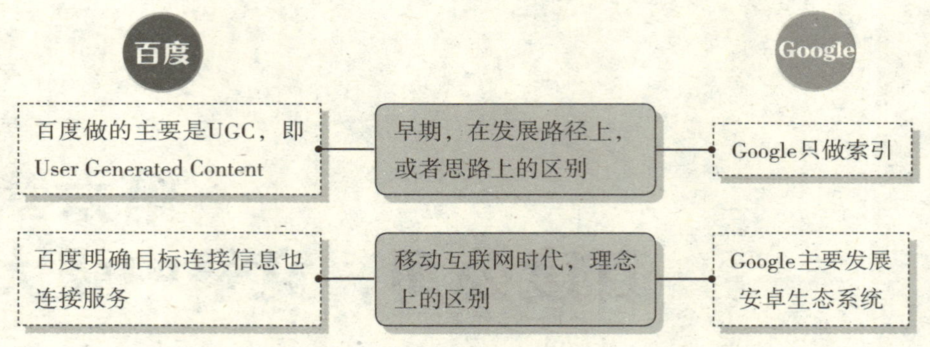

百度和Google的差异

涵盖26个字母的Google

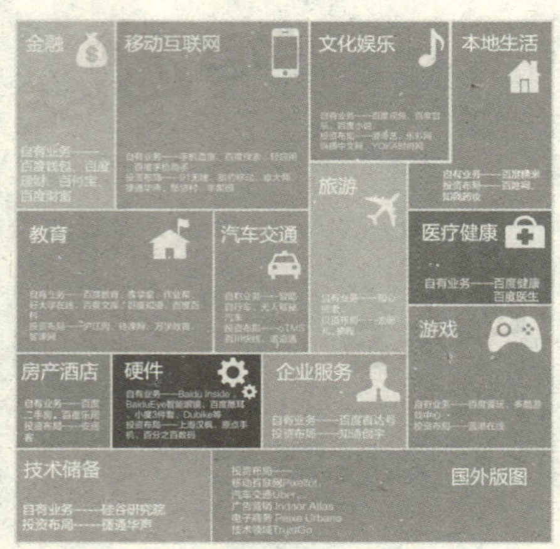

百度业务版图

【拓展阅读】 Google

Google

Google（中文名：谷歌），是一家美国的跨国科技企业，致力于互联网搜索、云计算、广告技术等领域，开发并提供大量基于互联网的产品与服务，其主要利润来自于AdWords等广告服务。Google由当时在斯坦福大学攻读理工博士的拉里·佩奇和谢尔盖·布卢姆共同创建，因此两人也被称为“Google Guys”。1998年9月4日，Google以私营公司的形式创立，设计并管理一个互联网搜索引擎“Google搜索”。Google网站则于1999年下半年启用。

Google的使命是整合全球信息，使人人皆可访问并从中受益。Google被公认为全球最大的搜索引擎，也是互联网上5大最受欢迎的网站之一，在全球范围内拥有无数的用户。Google允许以多种语言进行搜索，在操作界面中提供多达30多种语言选择。除此之外，Google还多次入围《财富》历年100家最佳雇主榜单，并荣获2013年“最佳雇主”称号。

闪电计划

闪电计划是自2002年3月开始的，由百度总裁李彦宏亲自主持领导的项目。该项目旨在9个月内“让百度引擎在技术上全面与Google抗衡，部分指标还要领先Google”。这一计划历时九个月，于2002年底完成。它的成功实施，不但全面提升了百度搜索引擎的各项指标，而且使百度搜索引擎的功能更加独特，更加人性化，成为“活”的搜索引擎。

Google退出中国内地

2010年1月12日，Google高级副总裁、公司发展兼首席法律顾问大卫·多姆德（David Drummond）在官方博客称，他在2009年12月中旬，侦测到了一次来自中国、针对Google公司基础架构的高技术、有针对性的攻击，并导致Google的知识产权被窃。这些攻击和攻击所揭示的监视行为，以及在过去一年试图进一步限制网络言论自由的行为使得Google将重新评估中国业务运营的可行性。

Google返华

2015年11月2日，佩奇在《财富》杂志论坛上说，“我们在中国市场一直坚持运营，我们也想做的更多些。”而Google母公司Alphabet董事长施密特（Eric Schmidt）也在于北京参加Tech Crunch峰会时表示，Google没有离开中国，“我们对中国服务很感兴趣，我们会继续与政府协商。”

在2015年8月重组完成后，Google将负责营收的核心业务，如搜索、YouTube和Android组建成了新Google，桑达尔・皮查伊升级为GoogleCEO主抓日常业务后，Google的行事作风开始变得更加务实，后者在上任后一直对外表示对促进Google在中国内地重新开展业务感兴趣。

在退出中国内地市场前，Google一直是仅次于百度的搜索引擎，市场份额曾一度超过30%。近来Google已经在计划将Android应用商店放到中国内地市场，并会专门针对中国内地做一些本地化的改进，为重返中国内地市场率先铺路。

Google返回中国内地市场的动作已经不少，从借助联想对摩托罗拉全线移动业务进行收购，将Android Wear服务送进中国，到投资出门问问，为加强Android Wear中文使用体验求经；而联想CEO杨元庆也不经意间暗示过，其曾表示，一旦Google服务进入中国，通过摩托罗拉在联想和Google中间起到的纽带作用，联想必然获益。

相关链接 》》

谷歌积极铺路返华：网络强国战略下的鲇鱼

风传多时的谷歌（Google, Inc.）返华，终于在近期得到更明确的消息。

继之前谷歌联合创始人Sergey Brin暗示谷歌部分业务将重返中国后，2015年

11月2日，谷歌母公司Alphabet执行主席埃里克·施密特（Eric Schmidt）与谷歌联合创始人Larry Page先后公开表态，称谷歌在中国市场一直坚持运营，并与中国政府保持沟通。

2010年，谷歌单方面宣布退出中国市场，在大中华区留下500多名员工，并将服务器迁移到中国香港。时隔5年，当初的搜索引擎巨头已经变身为全方位的高科技企业，它将以何种形式重返中国仍未确定。3G产业联盟秘书长、资深电信专家项立刚对《时代周报》记者表示，谷歌的搜索业务短期内返华的机会不大，先进入中国的很可能是谷歌的智能硬件或服务。

谷歌离开中国的5年，是中国IT业发展最为迅猛的5年。BAT等本土IT巨头正处于风生水起之时，但爆发性的互联网人口红利始现式微，这从遵循"技术驱动"的华尔街低估中概股股价中可见一斑。财经作家吴晓波的观察是："无论是淘宝天猫的销售业绩增长还是腾讯微信的活跃度都已同中国的宏观经济一样，回落到'新常态'的水平。"

谷歌若此时返华会引起怎样的冲击，在业内已引起一番热议。值得注意的是，谷歌方面一再强调，返华事宜已与中国政府进行多次沟通。分析认为，政府如同意谷歌这条"鲇鱼"回到中国，或许是希望通过竞争带来动力，造就更强的本土IT市场，也是为中国更为宏大的互联网发展增加动力。

2015年，中国互联网经济的GDP占比已经达到7%。最新的中国政府"十三五"规划建议中纳入了"网络强国战略"，互联网第一次被提升到国家战略的高度。

第二节　百度VS搜狗

搜索引擎之战

Analysys易观智库产业数据库发布的《中国搜索引擎市场季度监测报告

2015年第三季度》数据显示，在不含渠道及海外收入的中国搜索引擎运营商市场收入份额中，百度占比为86.19%，搜狗为6.54%，谷歌中国为3.92%，其他为3.35%。

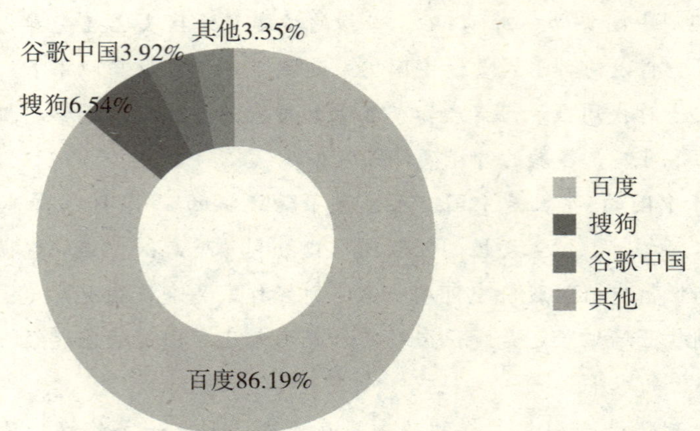

2015年第三季度不含渠道及海外收入的中国搜索引擎运营商市场收入份额

2015年第三季度，在含渠道及海外收入的中国搜索引擎运营商市场收入份额中，百度占比为78.75%，谷歌中国为8.65%，搜狗为8.41%，其他为4.19%。

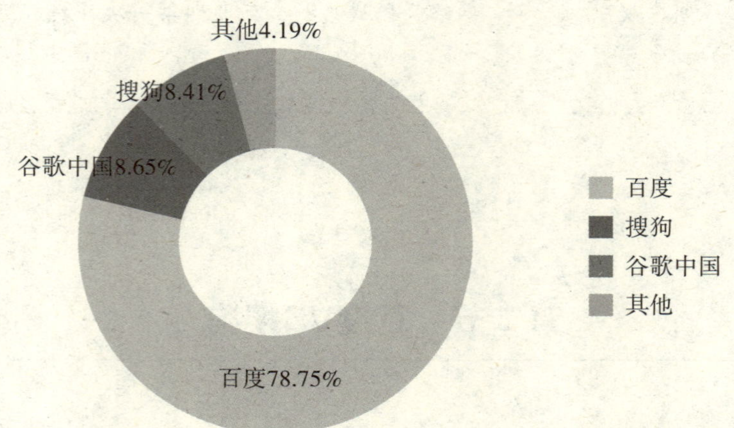

2015年第三季度含渠道及海外收入的中国搜索引擎运营商市场收入份额

由以上数据可以看出，在中文搜索引擎市场份额上，百度无疑稳坐霸主之位。

移动搜索引擎

大部分用户具有特定的移动搜索引擎品牌偏好。

iiMedia Research（艾媒咨询）数据显示，在移动搜索引擎使用上，百度仍然拥有最大份额，占44.1%；神马搜索异军突起，凭借UC浏览器强大的流量，占17.4%，发展势头不容小觑。

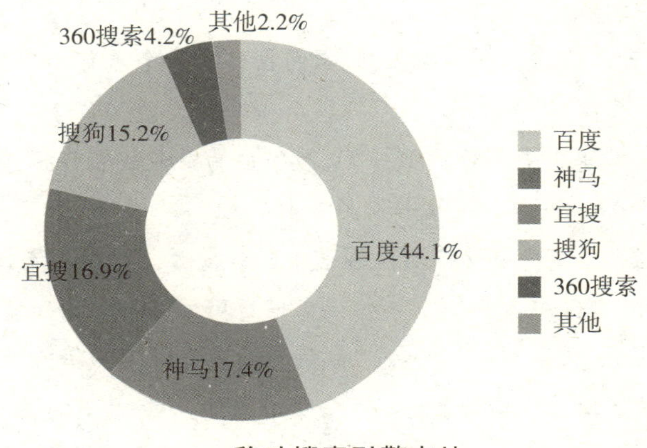

移动搜索引擎占比

可见，用户在PC端的使用习惯是影响其选择移动搜索引擎品牌的重要因素。

而艾媒咨询调查显示，品牌知名度也是影响用户移动搜索引擎品牌选择的重要因素。

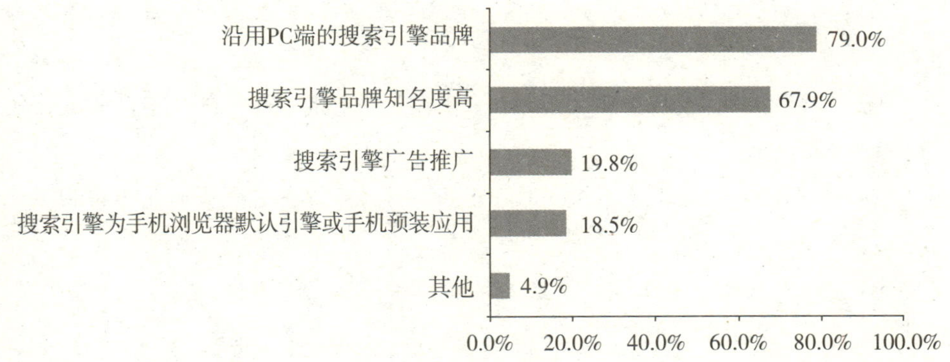

移动搜索引擎品牌选择因素

【拓展阅读】 搜狗的发展历程

搜狗的发展历程

2004年8月3日，搜狐公司推出全球首个第三代互动式中文搜索引擎搜狗。

2005年4月12日，搜狗融合图行天下（Go2map）成功之道，在国内率先推出全新搜索服务功能地图搜索。

2007年1月1日，搜狗网页搜索3.0版本问世，成为全球首个中文网页收录达百亿量级的搜索引擎。

2009年，搜狗首选用户新增率飙升41.2%，成为最具成长性搜索引擎。

2011年8月15日，搜狗正式推出识图搜索。

2011年9月30日，搜狗使用率超过谷歌中国，成为国内第二大搜索引擎。

2012年11月22日，中文领域首个知识库搜索引擎——搜狗知立方上线。

2012年11月26日，发布全新个人智能语音助理软件搜狗语音助手。

2013年9月16日，腾讯向搜狗注资4.48亿美元，并将旗下的腾讯搜搜业务及相关资产并入搜狗。“新搜狗，大梦想”由此起航。

2013年12月，搜狗搜索与腾讯SOSO的合并稳步前进，独特的“搜狗模式”在业内引起广泛关注和好评。

2014年3月，搜狗问问与搜狗百科全新面世，通过独特的UGC属性为搜狗未来在社交搜索领域的发展打下优质基础。

2014年4月，搜狗搜索创立10年，独立运营4年，收入增长20倍，成为国内增长最快的互联网公司。

2014年5月8日，搜狗搜索无线端APP崭新上线，标志着搜狗在移动领域开始大踏步向前迈进。

2014年8月12日，国内知名互联网公司搜狗对外宣布，金秀贤成为搜狗搜索品牌形象代言人。

2015年1月19日，搜狗公司正式发布搜狗搜索移动客户端3.0。

输入法之战

手机输入法用户分布

2015年8月13日，移动互联网第三方数据挖掘和整合营销机构iiMedia Research（艾媒咨询）发布了《2015年第二季度中国手机输入法研究报告》。艾媒数据显示，2015年第二季度中国手机输入法用户分布方面，搜狗手机输入法、百度手机输入法位居前列，且用户使用率均稳步上升，分别占比为36.2%、29.5%。手机输入法市场格局整体较为稳定。

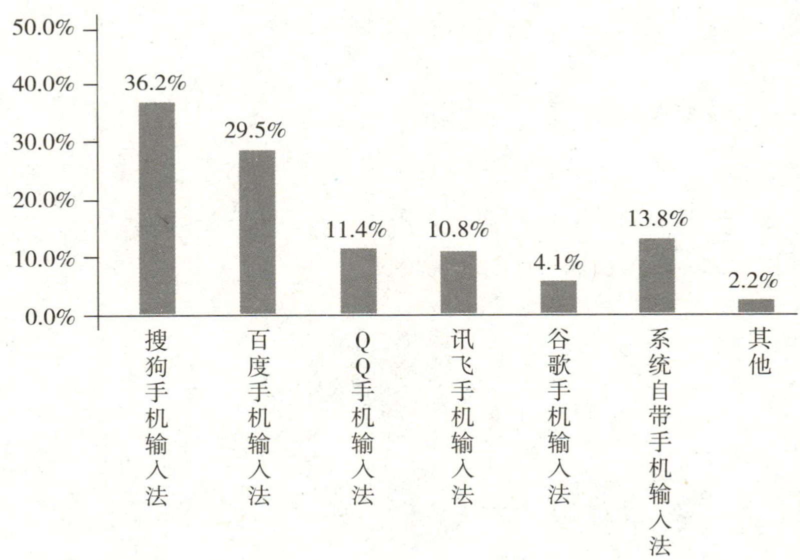

2015年第二季度中国手机输入法用户分布

手机输入法创新指数

在第三方手机输入法创新指数方面，百度手机输入法凭借其在特效皮肤等方面的创新领先于其他手机输入法，获得用户好评。

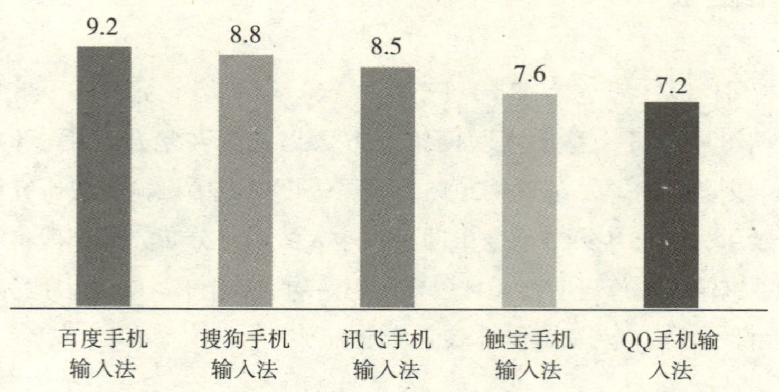

手机输入法创新指数

搜狗建立输入法生态圈

搜狗输入法在成立9周年之际提出“输入法生态圈”理念。试图建立以动漫原创作者——搜狗产品——用户、娱乐产业发行方——搜狗产品——用户的二维模式生态圈，以加快输入法的变现步伐。

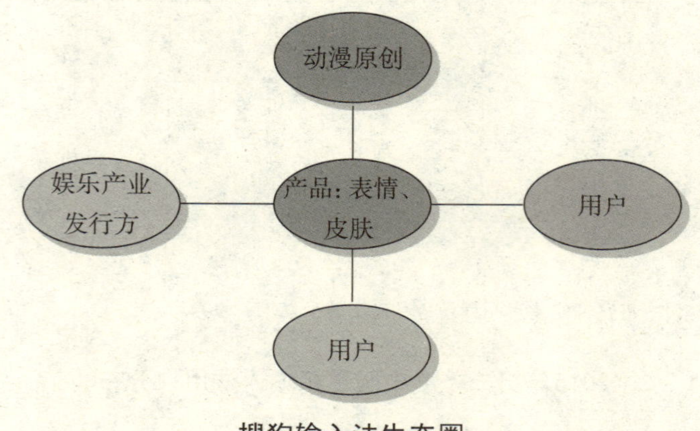

搜狗输入法生态圈

百度推出首款免费机械键盘皮肤

2015年7月，百度手机输入法携手CHERRY推出了首款免费机械键盘皮肤，这是百度手机输入法与其他第三方平台开展合作的新尝试，开创了软硬件界跨界合作的全新可能。

搜狗手机输入法PK百度手机输入法

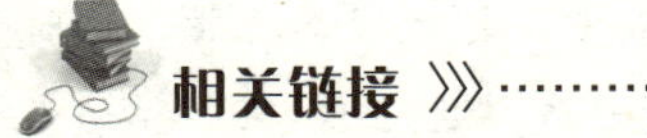

相关链接 》

“偷”百度流量的背后

互联网是个大江湖，有利益的地方就有纷争，尤其是入口之争最为惨烈。近日，原本相处和谐的两家公司百度和搜狗对簿公堂，因搜索入口和输入法入口的争夺互诉至法院。2015年10月底，百度诉搜狗恶意劫持流量一案胜诉，搜狗被判停止不正当竞争行为，并赔偿百度50万元。在27日该案一审判决百度胜诉前一日，搜狗反起诉百度输入法侵权，提出高达8000万元的赔偿要求。

百度诉搜狗判决书深度解析：创新不是作恶的挡箭牌

百度和搜狗纠纷一出，本人就一直关注事件走向，为了更深入地了解该案，仔细研读《北京市海淀区人民法院民事判决书（2015）海民（知）初字第4135号》（下文简称《判决书》）全文。整个事件要从搜狗推出的“灵犀”输入法说起，简单地说，此前当用户打开百度搜索框，非常明确地使用百度进行搜索行为时，用户使用搜狗输入法在百度搜索框输入文字，搜狗“灵犀”输入法自动（注意非用户行为）提供混淆百度搜索联想功能的联想界面，用户按回车键或点击搜狗“灵犀”输入法联想结果就会跳转到搜狗搜索结果，劫持了部分原本要使用百度服务的用户行为，争夺和分流百度搜索市场。从一些反馈来看，用户对此并不知情，这是一审判决百度胜诉的主要原因。

其实将输入法和搜索结合已经很常见，包括百度输入法、谷歌输入法、必应输入法等都采取了类似做法。不过同上面几个不同的是，使用其他输入法跳转某搜索会有明确的提示，用户误触率几乎为零。而搜狗“灵犀”输入法却是在用户不清楚的情况下，以混淆百度搜索联想功能的方式导流，这是被判不正当竞争的最根本原因。

同时，搜狗对百度搜索采取了有针对性的区别歧视对待，构成不正当竞争。只有在百度搜索使用搜狗输入法会出现上述情况，在雅虎搜索、搜搜搜索、360搜索使用搜狗输入法并未出现流量劫持的设置。

搜狗赴美上市计划遇冷：为估值铤而走险？

2015年初，据彭博社报道，知情人士透露，搜狗计划最早2015年下半年在美国首次公开募股（IPO），估值超过30亿美元。2013年9月腾讯以4.48亿美元入股，并将旗下的搜索和QQ 输入法并入搜狗现有的业务中，进行战略入股，彼时搜狗估值约为12亿美元。近2年间搜狗虽得到腾讯的战略支持，但仅翻了1.6倍左右，这种增长速度结合流量巨擘腾讯的战略入股，并不是十分明显。

根据Analysys易观智库产业数据库发布的《中国搜索引擎市场季度监测报告2015年第二季度》及《中国搜索引擎市场季度监测报告2015年第三季度》中的数据显示，2015年第二季度，在未含渠道收入的中国搜索引擎运营商市场收入份额中，百度占到79.81%，谷歌中国为10.89%，搜狗为6.34%，其他为2.96%。到了第三季度，在未含渠道收入的中国搜索引擎运营商市场收入份额中，百度占到81.11%，谷歌中国为10.02%，搜狗为5.84%，其他为3.03%。

腾讯红利已尽，瓶颈到来搜狗出路在哪？

其实，2013年腾讯战略入股搜狗后，曾是搜狗扩大搜索市场占比的最好机会。除了上文提到过腾讯入股搜狗后给予的支持外，还有手机腾讯网、QQ手机浏览器、手机QQ等腾讯旗下产品作为搜狗移动搜索的导流入口，11月3日腾讯领投，用5000万美元投资知乎C轮之后，也有知乎和搜狗合作的消息。但近2年的深度合作，腾讯带来的流量红利已经用尽，寻求新的增长点的迫切性对搜狗的意义不言而喻，不过选择对百度流量进行劫持的做法显然跑偏了。先不说百度作为巨头的反击实力，至少在方向上王小川已经丧失了当初对市场的嗅觉，甚至有点慌不择路的意味。

第三节　百度VS 360

3百大战

2012年8月31日，百度互联网数据研发部经理赵明华表示，通过实验证明360通过360安全浏览器”收集用户访问隐私，用爬虫来抓取页面。指责360利用浏览器非法窥私。

3百大战

恶意诋毁事件

2014年8月5日，奇虎360通过微博等平台恶意攻击、诋毁竞争对手百度一案在北京市海淀区人民法院开庭。法院审理认为，360的行为对百度的商业信誉造成损害，属于不正当竞争，判罚360立即停止不正当竞争行为，在网站首页及媒体显著位置公开声明消除影响，并赔偿相关损失25万元人民币。这也是360近年来第20起官司败诉。

手机应用对比

iiMedia Research（艾媒咨询）数据显示，在中国手机应用商店用户活跃度方面，360手机助手在用户活跃度中位列首位，用户活跃度达到41.8%，百度手机助手活跃度占比为25.6%，如下图所示。

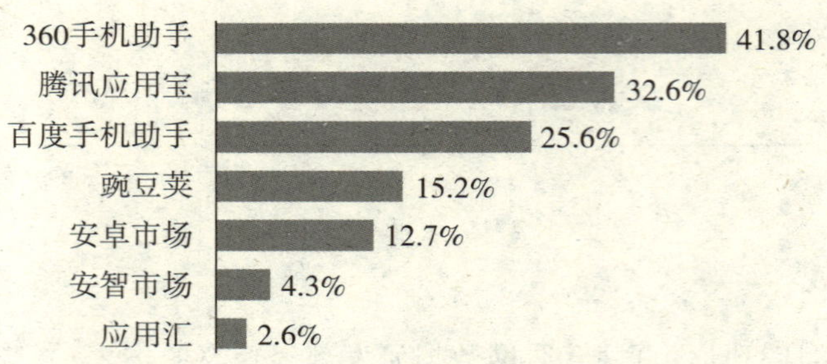

2015年第二季度中国手机应用商店用户活跃度分布

2015年上半年中国第三方手机浏览器活跃用户分布方面，UC手机浏览器以54.1%的占比位居首位，百度手机浏览器排名第三位，而360手机浏览器排名第四位。

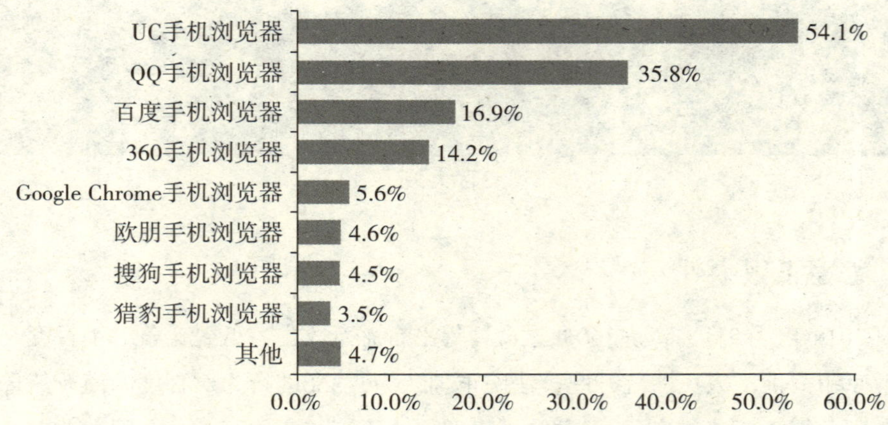

2015年上半年中国第三方手机浏览器活跃用户分布

【拓展阅读】 从360综合搜索到好搜

从360综合搜索到好搜

360综合搜索，属于元搜索引擎，是搜索引擎的一种，是通过一个统一的用户界面帮助用户在多个搜索引擎中选择和利用合适的（甚至是同时利用若干个）搜索引擎来实现搜索操作，是对分布于网络的多种搜索工具的全局控制机制。360搜索+，属于全文搜索引擎，是奇虎360公司开发的基于机器学习技术的第三代搜索引擎，具备“自学习、自进化”能力和能发现用户最需要的搜索结果。

2015年1月6日消息，360总裁齐向东向全体员工发送邮件，宣布360搜索将正式推出独立品牌好搜，原域名可直接跳转至新域名。以下为邮件原文。

好搜，使命必达

360全体同学们：

明天，也就是2015年1月6日，各位即将见证360历史上又一个重要时刻。360搜索将正式推出独立品牌——好搜（haosou.com），原域名（so.com）可以继续使用。

好（hao，三声），是做好人做好事的好；搜（sou，一声），是一搜到底的搜。

很多同事不禁会问：360搜索这两年发展得好好的，为什么要推出好搜这一独立品牌？没错，360搜索市场份额一路攀升，商业化进程大踏步推进，搜索体验与竞争对手已经没有差别，创新的功能不断推出，已经积累了良好的用户口碑和客户满意度。

我们这个时刻推出独立搜索品牌——好搜，正是因为经过两年努力，我们的搜索体验无论是在准确度、丰富性，还是在安全性上，都有了飞速的提升。我们在搜索体验上并不亚于竞争对手，在某些方面甚至强于竞争对手，在这种情况下，我们唯一的弱项就是品牌。而之前的360搜索严格意义上讲是一个业务名称，而不是品牌名称。

360经过多年发展，已经牢牢占据着中国安全第一品牌的地位，这个品牌烙印是深刻而不可撼动的。而我们的搜索业务不能仅仅停留在目前的层面上，未来还有更浩瀚的海洋等着我们去征服，这必然需要更独立的品牌形象和个性。我们推出独立品牌好搜，意在向中国搜索第一的目标全速挺进。所以，严格来说好搜的诞生，并不是一次品牌更名。这就像养育一个孩子，小的时候，家里先起个亲切的小名儿随意叫着，现在孩子长大成人了，要到更广阔的天地里去闯荡了，需要有一个正式的名字，名正则言顺嘛。

我们的目标，是持续扩大我们在PC搜索市场的战果，同时加速我们在移动搜索领域的发展。要在移动搜索领域内取得一席之地，我们必须要创造一流的搜索体验、一流的内容和一流的服务，这一切都必须要有一个独立的品牌，用户才能形成强烈的认知。有了独立的品牌，有了一流的搜索体验，我们有信心在未来两年内，PC搜索份额增长到40%，移动搜索份额达到30%；远期目标是，成为中国搜索第一品牌。

那么，为什么叫“好搜”？

你扶老人过马路，他摔倒了就可能会讹上你；你把钱包送还给失主，他可能会怀疑你是小偷。社会能够正常运转，归根结底是人与人之间的信任。

我们推出好搜，就是要建立用户信任的搜索品牌。为什么叫“好搜”？因为有的搜索引擎利用用户的信任，把中国古人所讲的“君子爱财，取之有道”抛在脑后。我们做独立品牌的好搜，就是要做到“不义而富且贵，于我如浮云”。

看全球的搜索市场，除了中国以外，没有任何位居第二的搜索引擎能够超过30%。我们做到了，是因为位居第一的搜索引擎不管发多大的财，我们不眼红，一直在坚持做好人好事。我们是第一个承诺欺诈全赔的搜索引擎，是第一个引入良医搜索的搜索引擎，是第一个拒绝虚假医疗广告的搜索引擎。

好搜，做好的搜索引擎，就要回到初心。美国前总统里根曾经说过：不是枪杀人，是人杀人。搜索引擎是互联网的重要入口，这把“枪”掌握在好人手里，就是为用户提供准确、便捷信息的工具；掌握在恶人手里，就是向用户提供虚假医疗、欺诈推广信息谋取不义之财的凶器。

我们的初心，就是好搜的由来——好搜，不做坏事！

我们推出好搜，是因为搜索好不好，用户说了算。用户叫好的搜索，才是好的搜索。我们会继续推动产品功能创新，要做出用户竖起大拇指称赞的好产品，做出令用户尖叫的新功能，创造真正符合用户移动环境下的使用习惯和需求，更加顺手、更加好用的好搜。让好搜在移动互联时代能够大放异彩，成为6亿手机网民最喜爱的移动搜索。

互联网时代是用户至上的时代，我希望，“为人民服务”这五个字不仅仅镌刻在公司的logo墙上，更写进360每位同仁的心里。

做好搜索，为人民服务，这是我们矢志不渝的使命。

2015，好搜，使命必达！

齐向东

2015年1月5日

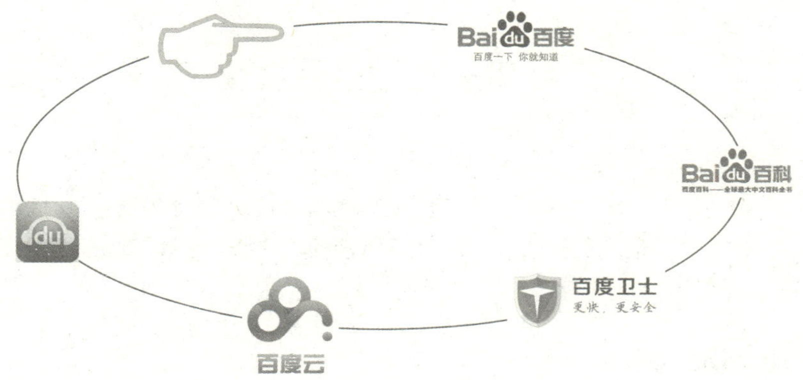

第七章
百度公司，简单可依赖

导言：

从创立之初，百度便将“让人们最平等便捷地获取信息，找到所求”作为理念，不断坚持技术创新，致力于为用户提供“简单可依赖”的互联网搜索产品及服务。多年来，百度董事长兼CEO李彦宏率领百度人所形成的“简单可依赖”的核心文化理念，深深地植根于百度。

第一节　企业文化

企业文化是企业的灵魂，也是推动企业发展的不竭动力。作为全球最大的中文搜索引擎、最大的中文网站，百度的企业文化，也有其过人之处。

名称及logo

百度由来

作为北京大学信息管理系的毕业生，北大“文理兼修、兼容并包”的传统深深地渗透到李彦宏的行事作风中，进而直接影响着百度的企业文化。“百度”这一公司名称便来自宋词“众里寻他千百度”，而百度公司会议室的名称“青玉案”则是这首词的词牌名。

百度logo

百度标识图——百度熊

百度熊也叫“小度熊”，是百度标识的又一称谓，也是百度品牌的吉祥物。

百度熊掌图标的想法来源于“猎人巡迹熊爪”的刺激，与李彦宏的“超链分析”非常相似，从而构成百度的搜索概念，最终成为百度的图标形象。之后，由于在搜索引擎中，大都有动物形象，如搜狐的狐，如Google的狗，而百度也便顺理成章称作了“熊”。百度熊也便成了百度公司的形象物。

百度熊形象经过15年的沉淀，在形态和特征上进行了无数次的修正与优化，在百度用户体验部（大UE）的主导设计下，最终于2014年4月以小度熊的形象呈现。同时，结合了百度产品文化，形成了一组鲜活的品牌IP形象——百度熊孩子家族（其中包括小度熊、波波、贴贴、王叔和布鲁五个形象）。

百度熊孩子

百度口号

“有问题，百度一下”

在2005年初，百度确定了品牌广告语为“有问题，百度一下”，这不仅仅是一个品牌主张，更是一种生活方式、态度。它代表着：百度是中文搜索的标准。

用百度前副总裁梁冬的话来讲：“‘百度一下’代表着一种新时代中国人的生活方式和态度，我们要让‘有问题，百度一下’深入到中国人生活当中，成为一种最普遍的生活方式和态度。”

“百度一下，你就知道”

在2007年百度年会上，百度的口号从“有问题，百度一下”变为“百度一下，你就知道”，在一定程度上也反应了几年间百度产品、服务的变化。

而从2007年2月9日起，百度首页的标题正式改为“百度一下，你就知道”。

现在，“百度一下，你就知道”已是80%的中国网民上网的起点站。

2007年5月11日，百度首页出现了一个小小的变化，搜索按钮由“百度搜索”变成“百度一下”，这次变化也与百度的新口号“百度一下，你就知道”相统一。而“百度一下”按钮也一直沿用至今。下图为百度搜索按钮变化前后对比。

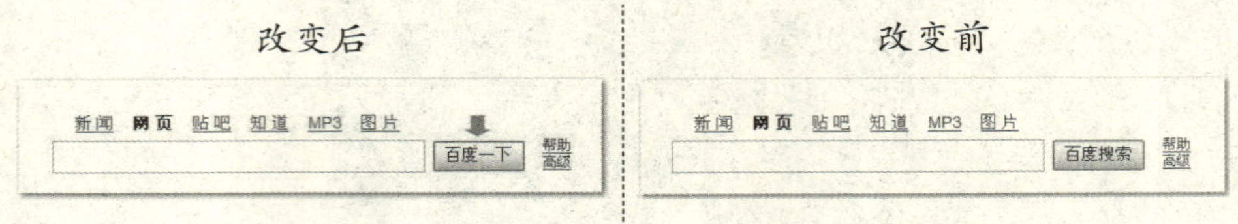

百度搜索按钮的变化

百度生活

百度年会

百度年会是百度公司的内部庆祝盛典，在回顾百度过去一年大事件的同时，充分展示百度员工的才华。2014百度年会暨15周年庆典，大家聚在一起庆祝百度15岁生日，除了令人振奋的颁奖典礼、estaff天团和员工们的精彩表演外，还当场首次宣布了手机百度代言人为Angela baby和百度地图代言人为鹿晗。

百度最高奖 & Summer party

百度最高奖由百度CEO李彦宏于2010年7月提出，是百度公司最高级别的奖项，奖励对象为10个人以下的小团队，鼓励“小团队做大事业”的互联网精神。高达百万美元的股票奖励，也是迄今为止国内互联网企业中给予普通员工的最高奖励。每年8月8日，百度最高奖颁奖结束后的Summer party是百度人专属的夏日狂欢万人大派对。

百度Hackathon

百度Hackathon是属于百度人的一场盛大的编程马拉松活动，你可以聚焦一个技术难题或者提出一个产品构思，与志同道合的三五个好友一起做出Demo实现创意。

丰富多彩的社团和节日活动

百度现有20多个社团，其中包括篮球、足球、台球、街舞、乒乓球、器乐、动漫、电影、手工、羽毛球、长跑、摄影、单身、轮滑等。每年还有篮球赛、足球赛、摄影大赛、冬季长跑周、游泳赛等各类赛事活动，工作之余大家一起快乐生活。每年百度员工关怀都会举行精彩纷呈的主题活动。女生节，女生们可以享受“度家”定制的嘉年华；母亲节可以邀请爸妈来百度逛一逛；父亲节将有承载爱和希望的“度家书”；“六一”儿童节百度大厦则变身小小度专属游乐园。

百度“请进来”

“请进来”是百度的一个内部学习发展项目，由李彦宏本人于2008年发起，旨在邀请各界成功企业家、职业经理人、各领域知名人士与百度员工交流，让百度员工跨界学习先进的管理经验、吸纳人文智慧。

健康空间

百度的每栋大厦都配有健康空间，健康空间由具有医学背景的健康助理负责百度员工日常健康、体检、就医等方面的咨询工作。健康空间配有常用OTC药品，根据员工不适症状发放24小时用量的药品。

相关链接

百度文化论语

· 人一定要做自己喜欢且擅长的事情

· 认准了，就去做；不跟风，不动摇

· 专注如一

· 保持学习心态

- 公司离破产永远只有30天
- 每个人都要捡起地上的垃圾
- 百度不仅是李彦宏的，更是每一个百度人的
- 一定要找最优秀的人才
- 给最自由的空间
- 允许试错
- 证明自己，用结果说话
- 让优秀人才脱颖而出
- 愿意被挑战
- 说话不绕弯子
- 对事不对人
- 百度没有公司政治
- 遇到新事物，先看看别人是怎么干的
- 听多数人的意见，和少数人商量，自己做决定
- 一个人最重要的能力是判断力
- 用流程解决共性问题
- 创新求变
- 不唯上
- 问题驱动
- 让数据说话
- 高效率执行
- 少许诺，多兑现
- 把事情做到极致
- 用户需求决定一切
- 让产品简单，再简单
- 迅速迭代，越变越美
- 你不是孤军
- 打破部门樊篱
- 主动分享

· 帮助别人，成就自己
· 只把最好的成果传递给下一环节
· 从可信赖到可依赖

第二节　百度使命

企业使命

企业使命是指企业在社会进步和社会经济发展中所应担当的角色和责任，是企业存在的原因或者理由，也是企业生产经营的形象定位。企业在制定战略之前，必须先确定企业使命。

百度CEO李彦宏说过："不管你是边陲小镇的农民，还是残障人士，通过百度搜索每个人离信息的距离都是一样的。互联网是一个技术的互联网，更是人的互联网。我们希望让所有的中国人，以及亚洲人，乃至全世界的人类，最平等便捷地获取信息，找到所求。"

百度的使命

百度的使命是让人们最平等便捷地获取信息，找到所求。百度CEO李彦宏曾说，这样的使命是不局限于中国，也不局限于互联网的。

每个人不管在哪儿，离信息和知识的距离，都是一样的。

百度有超过千亿的中文网页数据库，让用户可以瞬间找到相关的搜索结果。截至2015年上半年，在中国有6.68亿互联网用户，其中95%的网民都是百度用户，每天都有数十亿的搜索次数。可以这么说，在任何一个国家市场上，百度都是最大的搜索引擎，用户最多，体验度也很高。

2007年2月9日，百度首页的标题变了，由"百度——全球最大中文搜索引擎”变成“百度一下，你就知道”。虽然不细心的人也许不会注意到，但这是百度经营理念的变化，更考虑到用户的利益。原来百度要做全球最大中文搜索引擎，而现在这个小小的变动更能体现出人性化的因素。

相关链接》》

李彦宏在百度年会上演讲——百度使命：让老百姓更容易获得信息

以下为2011年百度年会李彦宏演讲全文。

各位亲爱的百度同学，大家好！

非常开心又和大家相聚在一年一度的百度年会。每年站在这里，我都会发自内心地感觉到温暖，都会觉得有很多话想和大家交流。因为这个时候大家聚在一起，意味着我们又共同走过了整整一年，又要在下一轮寒暑交替中迎来新的工作、生活和期待。

年年岁岁花相似，岁岁年年人不同。记得2009年年会时我曾经感慨，总算把分散在不同地点的同学们聚集在一起，在百度大厦办公，我们又能像一家人一样在一起快乐地工作。从2009年至2011年底，也不过2年时间，我们的员工就从7000多人增加到将近15000人，总部办公地点就又变成了大厦、首创和奎科遥遥相望的格局。但是无论我们是不是在一栋楼里办公，我们的事业都在一起，我们的努力和成绩都在一起，我们的心都在一起！

2011年，是硕果累累的一年，是我们朝着新十年目标大步迈进的一年。我们圆满地完成了年初制定的各项任务，公司业务快速增长，10周年时我们所制定的业绩增长40倍的目标，以今天的业绩为基数，已经只剩下11倍了。除了发展我们的核心搜索业务外，我们还推出了易平台，为移动互联网领域的发展打下基础；在国际化方面，我们进一步打通了总部技术平台资源，除了日本，我们也已经开始在东南亚、非洲等其他国家和地区提供服务。所有这些，都对公司未来的发展意义深远。

在这里，我要由衷地感谢每一位百度同学。是你们的辛勤工作，聚合成百度2011年最闪耀的风采。谢谢你们！

回首共同走过的2011年，有很多感慨。今天也想借这个机会和大家分享一下。

首先，是我们沿着使命前行的成就感。

成就感往往来源于一些小事。2011年6月，市场部基于一个真实的案例，做了一条片子，讲一个清洁工为了女儿，通过百度视频学完了迈克·杰克逊的舞蹈动作，然后参加比赛获了奖，片子最后定格为“平等地成就每一个人”。这个片子不仅感动了我，很多客户和合作伙伴看了之后也很感动，觉得这些年跟百度在一起，在做一件很有价值和意义的事情。是的，我们的产品除了给大家带来影音的欢愉，资讯的多彩，我们也在平等成就每一个老师，不管他们在哪里，都能分享网上最好的教案和课件；我们也在帮助每一个心急如焚的妈妈，使她们在孩子发烧时，能够迅速获取知识、采取正确的退热措施……无论教授还是牧民，无论老人或是孩子，他们渴求的信息会因为百度这个平台而触手可及。当那么多的用户在用百度的产品，成就自己每一个小小的愿望时，我感受到我们工作的伟大意义。

2011年百度推出了新首页。从“即搜即得”到“即搜即用”，再到“不搜即得”“不搜即用”，我们实现了让用户获取信息从“一步到零步”的跨越。这是百度首页自诞生以来变化最大的系统工程。大家都看到了百度世界大会上新首页的闪耀登场，但很多人可能并不知道，新首页的背后我们的技术工程师和项目团队日以继夜地奋斗的故事。负责新首页导航数据挖掘的团队只有7个人。完成这项任务，公司只给了他们58天时间。在这短短的58天时间里，他们汇总、整理和分析了2000多万用户的历史数据，为将近600万登录新首页的用户提供了高度准确的自动导航服务。到了项目后期，时间已经非常紧张，他们抓紧每一分钟对产品进行第二次、第三次的迭代。我和PM在这期间对产品提出了很多问题和意见，无论是上班时间，还是下班之后，甚至是午夜或者凌晨，总是能看到他们很快地做出反应和调整。后来大家谈起这件事情，都想知道激励他们这样日夜为之奋斗的动力是什么，他们的解释却很简单。他们就觉得这是一个非常有意义的方向，通过首页导航能够帮助更多人更好地使用互联网，每个人都是发自内心地喜欢做这件事，不仅没觉得这是什么奉献或牺牲，反倒有一种无可替代、舍我其谁的责任感和成就感。

百度一直是一个有理想、有使命感的企业，这种力量激励着我们在座的每一个人，哪怕离开了这里，这样的理想和信念仍然流淌在我们的血液中。

最近我就听到这样一个老百度人的故事。在北京一家叫作“宏立学校”的民办小学中，有一名叫作潘华的老师，他曾经在百度度过了6年的时光，先后在贴吧、游戏、下吧等团队都工作过。2008年，27岁的潘华做出了一个让家人朋友非常意外的决定，他登上讲台、手握教鞭，成为了一位民办小学的教师。所在学校的条件很简陋，收入还不到他以前工资的五分之一；甚至因为教育管理体制的原因，他至今也没有解决教师身份的问题。但是，就是在这样的环境下，他已经送出了好几届打工子弟毕业生，其中还有不少学生考上了北京市的重点中学。面对前来采访的记者，潘华告诉他们，虽然很喜欢百度的工作，但他更向往和孩子们待在一起。尽管现在是一名教师，百度“让人们最平等便捷地获取信息，找到所求”的使命还一直深深影响着自己，当初在百度，这是自己每天写代码、编程序的动力，而现在，这种使命感依然激励着他朝着自己的梦想继续前行。

今天，潘华也来到了我们的年会现场。潘华，你在哪里？让我们用最热烈的掌声欢迎潘华回家！

我们的使命今天正在得到越来越多人的认同，我最亲爱的百度同学们，在沿着使命前行的道路上，我们永远不会孤单，莫愁前路无知己，天下谁人不识君！

除了成就感，在这样一个公司高速发展的时期，我和管理层还特别感受到帮助员工成长的紧迫感。

在2011年夏天的时候，公司颁出了成立以来的第一个百度最高奖。我太太后来看到现场我和获奖同学一起拍的照片，她说这是我一年当中笑得最开心的一次。是啊，那种“小团队做出大事业”的激情和成就，那种优秀员工收获到的回报与荣誉，永远都让我感到自豪与骄傲。

今天是2012年1月9日，百度的员工总数已经接近15000人，回想一下，公司员工数量达到第一个5000人我们用了8年的时间，而第二个5000人仅仅用了不到2年的时间，而2011年，我们用了1年时间又即将突破第三个5000人。对于这样一个规模庞大、快速成长的年轻团队，员工发展是一个充满紧迫感的问题。

百度的人才观包括四个方面：第一，招最优秀的人；第二，给最自由的空间；第三，看最后的结果；第四，让优秀的人脱颖而出。这四句话承上启下，缺一不可。其实对于百度这样的高科技企业，我能非常肯定地说，在座的是互联网行业中最优秀的一批人，然而千里马常有，而伯乐不常有，在百度，伯乐是什么？伯乐就是培养和选拔人才的机制。因为只有一个好的机制，才能保证优秀的、符合百度企业文化和价值观的人才源源不断地涌现出来。

2010年曾经有人说，他们也要做搜索，要让李彦宏睡不着觉。我真没想到他们这么关心我。我有时候确实会睡不好，但我睡不好时很少会想到那些人，我想的更多的是我们的用户、客户，想的更多的是百度员工的发展。我会想你们如何能够在这里发挥出你们的聪明才智；我会想你们如何能够在这里得到足够的关注和培养；我会想你们如何能够在这里看到所向往的成长和成就。这一年来我们一直在不停地探索怎么能够更好地帮助员工成长，让最优秀的人才脱颖而出。不论是百度最高奖，还是人才培养序列、五级领导力、潜力股，我们都是要在机制上保证优秀的人获得应有的认可。接下来我们要把这样的工作做得更深、更透，让大家真正从这样的机制当中获益。

回首2011年，在“简单可依赖”的文化氛围中工作，我还有一种深切的幸福感。

今年的年会又是百度历史上规模最大的一次，在这么快速变化的行业，这么快速发展的公司里，我们随时随地都能够看到很多刷新的记录。从我们的员工数量、业绩收入、客户数、户均投入，从很多角度看到我们每天都在创历史新高，这或许让我们很兴奋。但越是在这样的情形下，我们越需要坚守文化，用“简单可依赖”的文化来为公司的高速发展保驾护航。过去的一年，这种文化正在不断扎根生长，内涵也在不断丰富。

什么是简单？我跟大家分享一个小故事。2010年7月，因为公司业务发展的需要，运维部并入基础架构体系。运维部从梦秋的团队划出，转变为向加入百度不久的执行总监范丽汇报。刚得到这个消息，范丽是有点担心的。她来找我，说这样的调整对梦秋团队来说是一个很大的削弱，梦秋会不会有想法。我当时就告诉她，“你想多了，这样的调动目的只有一个，就是让业务更好地发展，梦秋肯定会支持的。”后来范丽告诉我，她去找梦秋道谢，梦秋还觉得很奇怪，因为她早就觉得运维和基础架构体系应该一体化运转。百度发展很快，进行整个部门的调动也是常事，但往往各调动后的部门都能很快融合到一起，高效地开展工作，这就是因为我们拥有简单可依赖的文化。简单，意味着没有公司政治、说话不绕弯子；意味着愿意被挑战；意味着公司利益大于部门利益；也意味着我们心无旁骛，不被外界噪声所干扰。

可依赖意味着什么？意味着自信、意味着开放式沟通、意味着我们只把最好的结果交给下一个环节。可依赖和可信赖是有区别的，它有亲情在里头。在你需要帮助的时候，会有很多人愿意真心地来帮助你；在别人需要帮助的时候，你也会真心地去帮助他；在你受伤的时候，这里是你疗伤的地方。这里有你的感情寄托。2011年8月，某电视台对我们进行连篇累牍的报道，公司遭遇了暂时的挫折和质疑，但全体员工众志成城、团结在一起，我们的员工家属、合作伙伴们也都给予我们最坚定的支持，这是一种融入血脉的亲情。在那时，我相信很多人和我一样，感受到了家人般的相互依赖和温暖，这也是我这一年感受到的最大的幸福。当我们全体百度同学团结一心，来自外界的困难和挑战只会积蓄起我们的势能，推动我们向更高、更远的目标迈进。

在“简单可依赖”的文化氛围中，我们每一个百度人始终会用积极乐观的心态去面对外界的挑战，我们每一个百度人始终会在其他兄弟团队遇到压力时与他们守望相助，这正是我们从工作中获得幸福感的源头。百度同学和家属们，你们始终都是公司迎接挑战、战胜困难的最强大的后盾！

过去一年我在百度收获良多、感触良多。然而，站在更高处俯瞰百度的事业，把百度放在中国社会和经济整体发展的格局下来看，我们还肩负着时代所赋予的特殊使命。

中国已经成为全球第二大经济体，中美互联网发展的差异也已经在明显缩小，但是，1个多月前我去华盛顿参加中美互联网论坛，会上中国企业家们都在认真介绍中国互联网产业所取得的成就，美国政客们的发言却是一口一个“China must”“China must”，就是说中国你必须要这样，必须要那样，仅仅热衷于对我们进行指手画脚，根本就不想了解中国互联网发展现状和对社会进步的贡献，听起来让人感觉很不舒服。

我当时就建议对中国有成见的美国代表们来百度看看，真正了解一下中国的互联网产业，看看这样一批中国最优秀的年轻人聚集的地方，是如何改变着人们的生活，如何推动着社会的进步。生逢其时，我们是很幸运的一代，这个时代给了我们机会去创造历史，给了我们机会去实现梦想，我坚信，全体百度同学一定会把握住历史机遇，通过不懈努力，为中国赢得全世界的尊敬！

我们已经走进2012年，对于2012年的传说有很多，2012年也因此具有很多的神秘色彩。我个人是不相信世界末日和灾难预言的。但我们愿意相信，我们所做的事业，是为中国更多的普通百姓，打造知识海洋的诺亚方舟，帮助他们最平等便捷地获取信息，摆脱贫穷、消除歧视，成就每一个人的梦想！

2012年，我们将继续在使命和责任的道路上前行，我们也将收获更多的感动、更多的成长和更多的幸福时刻！

2012年，我们在一起，We Together！

2012年1月9日

不仅是搜索信息，更是找到服务

过去几年，科技发展日新月异，智能手机的普及使得一切都变得更加便捷。

百度愿景变化也非常大，百度刚刚创业的时候，就说要“让人们最平等便捷地获取信息，找到所求”，而现在，人们的需求不仅是能够搜索信息，更是能够找到服务。在手机、平板电脑，各种各样新的终端上，不仅要能获取信息，而且还要能够完成任务、完成工作。所以百度不仅能帮助人们搜索信息、获取信息，还能够帮助人们实现他们想要实现的目标，这就是百度愿景的变化。

相关链接》》

李彦宏百度十五周年演讲：始终相信技术的力量

2015年1月24日下午，百度公司召开2014年年会，百度董事长兼CEO李彦宏做了主题发言。

以下为李彦宏演讲实录。

各位亲爱的同学们，很高兴我们又在一起了，你们开心吗？

每一次和大家相聚，我都非常开心。2014年的8月，当我站在Summer party的舞台上，看到同学们聚在一起，上万人的手臂一起挥舞，一起欢乐，庆祝。那一瞬间，我产生了一个强烈的愿望，那就是过年的时候，我们更应该热热闹闹地开个年会，庆祝我们百度十五周年。今天，就让我们一起欢聚，一起任性！

我们今天开会的地方，首都体育馆的斜对面，就是国家图书馆。我还记得当年上大学的时候，冬天冒着大风，骑着自行车，来这个图书馆借书的情形。而今天，百度索引的网页信息，已经相当于6万多个中国国家图书馆。每个人不管在哪儿，离信息和知识的距离，都是一样的。15年前，在创立百度的第一天，我们就确立了这样的一个使命，“让人们最平等便捷地获取信息，找到所求”。15年来，我们其实也就只做了这一件事情，再过15年也好，50年也好，我们还会把这件事情继续做下去！这是值得我们为之奋斗一生的事业！

几天前，我收到一位小学校长给我发来的邮件，他感谢百度文库对他们的帮助。这所小学位于偏远的科尔沁草原。老师和孩子们害怕贫困，但是他们更害怕与世隔绝。由于地方太偏，几年来学校的年轻老师流失严重，教学几乎无法继续。这位小学校长坚信互联网能够帮老师和孩子们走出困境，他通过百度连上了文库。现在老师们可以随时找到最优秀的教学课件，让孩子们得到更好的教育，并且还能把自己的教学经验通过百度文库来向全国分享。校长告诉我，是百度帮助孩子们和老师们打开了心中连接世界的窗户，放飞属于他们的梦想！

15年来，我们坚守使命、砥砺前行。

在PC搜索领域，我们从来不缺竞争对手，也从来不惧怕竞争对手。同学们，因为有你们，百度在搜索领域的地位永远不会被撼动；因为有你们，竞争对手抄袭的速度，永远都赶不上百度创新的速度！

移动云的同学们，你们用2年多的时间，打了一场艰苦而漂亮的大仗，帮公司顺利地实现了移动的转型！你们用行动向外界证明：百度人民很行！

百度地图的同学们，你们不仅获得了绝对领先的市场份额，而且改变了行业的规则，让全体的网民都用上了免费的导航软件，“出门就查百度地图”，我也是你们最忠实的用户！

还有我们贴吧的同学们，你们创造了一个全新的世界，让亿万兴趣相投的人在这里相聚。2015，“上贴吧、找组织”——同学们，约吗？

还有你们，技术体系的同学们，百度大脑正在引领人工智能的方向，语音和图像识别技术已经与世界比肩。对此，我只想对你们说一句话：干得漂亮！

亲爱的百度同学们，我特别想和你们一起欢呼！我为你们感到骄傲和自豪！

……

15年来的百度，风雨兼程。尤其是在过去2年里，我们过得并不轻松。在PC领域，我们一度遭受了竞争对手的攻击。同时，移动互联网的大潮来得太快，面对迅猛的时代变迁，我们显得有点准备不足。

正因为这些现象，2年前，曾经有人说：百度不行了。然而，就像百度历史上所经历的每一个困难时期，无论有多难，我们从来没有放弃对未来的信心，我们每一次都能够众志成城地挺过来，并再一次迎来全新的发展空间。

我们为什么能够survive？因为我们相信技术的力量。我们的团队，1/3以上都是优秀的技术工程师。在最困难的时期，我们反而拿出更多经费，来加大研发投入。我们不断地扩充美国硅谷研发中心的规模，在人工智能、大数据、语音、图像识别等领域进行深入的布局。我们坚信，技术是我们在巨变的竞争环境中，超越一切对手的决定力量！

我们为什么能够survive？因为我们始终把简单可依赖的文化和人才成长机制当成百度最宝贵的财富。

在我的百度云相册中，一直保存着这张照片。那是2012年12月，一个寒冷的周末，很多年轻人冒着雨在百度大厦门口排起长长的队伍，等候参加入职考试。我相信今天在座的同学当中，肯定也有那天在排队的人。这么多人如此渴望加入这个公司，加入这个事业，我心里充满了感动。

作为CEO，我有责任为大家创造更好的平台，让大家施展才华、快速成长。在这个平台上，我们吸引了吴恩达、王海峰、余凯、张潼、贾磊、吴华、吴韧等一批世界顶级的科学家，与大家在一起，共同实现技术的理想。同时我们在世界范围内建立研发中心并且开展业务，也将为同学们的发展提供最佳的舞台。作为CEO，我更有责任让优秀的人才在这个平台上脱颖而出，并且获得丰厚的回报。2014年底，我们拿出了历史上最大额度的奖金，奖励业绩突出的同学。我听说有一位同学，今年拿到的奖金，相当于他50个月的工资。我由衷地向他表示祝贺，同时我也要告诉大家：我们就是要打破平均主义，未来，我们还要拿出更多的钱，对于业绩突出的同学，我们的奖金没有上限！

是的，我们还没有夺取最终的胜利，但是在移动大潮到来的时候，我们已经站稳脚跟，为即将到来的冲锋积蓄了力量！

上午来首体的路上，我路过旁边的北大口腔医院，我知道那里每天都有在通宵排队等待挂号的人。生活服务的不便利、不平等，跟20年前人们获取信息、获取知识的不便利、不平等，本质上是一样的。每每想到这里，我就感到我们肩上的责任还很重，我们要走的路还很长。

我们要把握互联网和传统产业深度融合这一历史机遇，在移动时代，将我们的战略从“连接人与信息”延展到“连接人与服务”，我们已经花了15年时间，让人们在信息和知识面前逐步平等。未来我们还要让人们在获取各种服务时也同样高效而平等，为了实现这样的目标，我们不惜再花15年，甚至更长的时间！

我们已经和301医院这样的权威医疗机构展开合作。希望不久的将来，每一个普通患者通过互联网，都能获得最权威的医疗机构的救助。

我们已经在筹备全新的互联网金融业务，我们首先会专注于教育贷款。我们要让每一个积极向上的年轻人，在发展自己的道路上，不会因为付不起学费而放弃梦想。

连接人和服务，移动互联网广阔的战场就在我们面前。我们将改写行业规则，创造新的市场。人们的衣食住行，将通过百度得到更大的便利！社会的经济运行效率，将通过百度得到极大的提升！

现在，是我们发起进攻的时候了！在教育、医疗、金融、交通、旅游等行业，无数的机会在向我们挥手。深耕每一个行业，我们就有机会创造一个个的百度！

现在，是我们引领未来的时候了！语音和图像将成为未来人们表达需求的主要方式，大数据和人工智能正在成为推动信息产业深刻变革的“核动力”，谁拥有这些技术，谁就会占领未来科技的制高点。我们要成为全球的创新中心！

……

谢谢大家！

2015年1月24日

第三节　核心价值观

核心价值观

百度的核心价值观是简单可依赖。

百度秉承其核心价值观一直致力于给人们提供最便捷的信息查询方式，并且认真听取每一条建议和投诉，永远保持创业激情。每一天都在进步，容忍失败，鼓励创新，充分信任，平等交流，友好，感恩，分享。

公司理念

百度是一家持续创新的，以“让人们最平等便捷地获取信息，找到所求”为使命的高科技公司。

百度坚持以用户需求为导向，不断学习总结并积极分享，坚持坦诚和实事求是的作风，从系统的角度思考解决问题，并且拥抱挑战和变化，追求卓越，珍惜并善于管理时间，为成为最优秀的互联网中文信息搜索和传递技术提供商，以及中国网络技术企业在全球同行业中的优秀代表而不懈努力。

人才理念

关于人才，李彦宏是这样说的，“互联网公司，最有价值的就是人。我们的办公室、服务器会折旧，但一个公司，始终在增值的就是公司的每一位员工。”“对于一个人才，我们更注重的是，你能不能够创造，为自身创造价值，给用户带来更好的体验，这是百度所关心的，所看重的。”

百度奉行“招最优秀的人、给最自由的空间、看最后的结果、让优秀的人脱颖而出”的人才观，始终将员工视为公司最大的财富，并建立了完善的福利保障体系，认真维护员工的合法利益，积极帮助员工成长。百度人相信，在互联网领域，天才们会有更大的作为。

百度招聘网页截图

百度为每一位员工提供了什么呢？如下图所示。

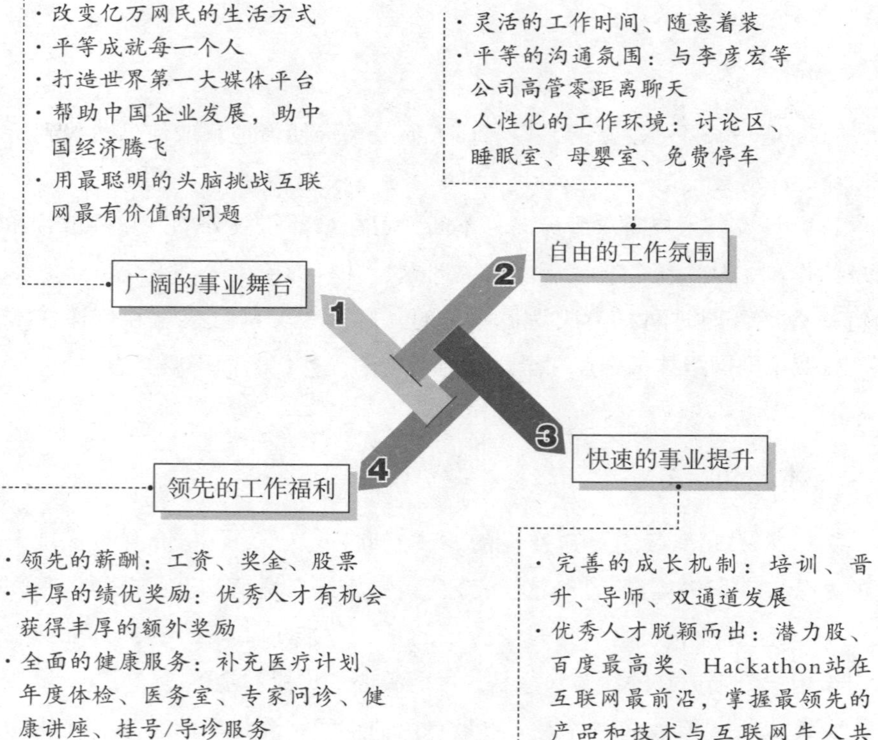

百度引力

【拓展阅读】《壹百度——百度十年千倍的29条法则》中的29条法则

《壹百度——百度十年千倍的29条法则》中的29条法则

立业

（1）人一定要做自己喜欢并擅长的事。

（2）认准了，就去做；不跟风，不动摇。

（3）专注如一。

（4）把事情做到极致。

守正

（5）少许诺 多兑现。

（6）让数据说话。

（7）问题驱动。

（8）不唯上。

（9）对事不对人。

出奇

（10）创新求变。

（11）允许试错。

（12）迅速迭代，越变越美。

（13）保持学习心态。

（14）遇到新事物，先看看别人是怎么干的。

协同

（15）高效率执行。

（16）用流程解决共性问题。

（17）你不是孤军。

（18）打破部门樊篱。

（19）主动分享。

选才

（20）一定要招最优秀的人才。

（21）给最自由的空间。

（22）证明自己，用结果说话。

（23）一个人最重要的能力是判断力。

（24）每个人都要捡起地上的垃圾。

（25）百度不仅是李彦宏的，更是每一个百度人的。

察势

（26）用户需求决定一切。

（27）听多数人的意见，和少数人商量，自己做决定。

（28）帮助别人，成就自己。

（29）公司离破产永远只有30天。

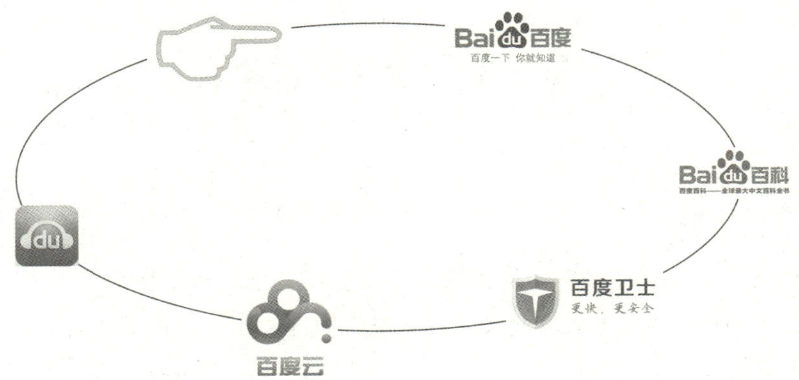

第八章 百度公司，承担社会责任

导言：

百度秉承“弥合信息鸿沟，共享知识社会”的社会责任观，致力于成为用户值得信赖的伙伴、客户的得力助手、联盟伙伴的强大后盾、员工实现自我价值的大家庭。百度始终坚持“诚信、正直、协作、共赢”的企业信条，引领互联网行业的可持续发展。

第一节　投身公益事业

公益产品

百度长期关注弱势群体的需求，百度老年搜索、百度盲道、百度寻人三款产品，正是百度对“弥合信息鸿沟，共享知识社会”社会责任观的实践。

百度爸妈搜索

百度爸妈搜索，前身为百度老年搜索，是全球首款专门服务于中老年人的搜索引擎产品。

1. 百度老年搜索

2009年4月，百度推出为老年用户量身定制的百度老年搜索，是为老年人更便捷地获取信息搭建的一个入口，致力于帮助老年人解决日常生活的困难，为他们的生活提供更多的便利。

2009年10月26日重阳节之际，百度正式推出与汉王合作研发的为百度老年搜索所增加的Web手写输入功能，用户可以通过鼠标移动来直接输入汉字，这项技术为不习惯键盘打字的老年人使用搜索引擎带来了极大的便利。

与普通的搜索功能相比，百度老年搜索增加了符合老年人群特点和需求的人性化设计，其三大特色如下图所示。

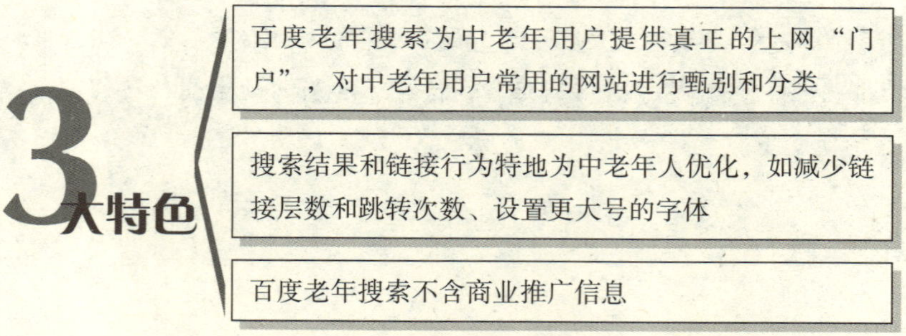

3大特色

- 百度老年搜索为中老年用户提供真正的上网“门户”，对中老年用户常用的网站进行甄别和分类
- 搜索结果和链接行为特地为中老年人优化，如减少链接层数和跳转次数、设置更大号的字体
- 百度老年搜索不含商业推广信息

百度老年搜索的三大特色

2. 百度爸妈搜索

2015年新版百度老年搜索正式更名为“百度爸妈搜索”。百度为中老年人打造全新的百度首页，如提供留言问候、自定义收藏夹、设置子女所在地等个性化功能，精选新闻、影视剧、小游戏、广场舞内容等。在同一页面上，汇聚了爸爸、妈妈们关心的所有内容。

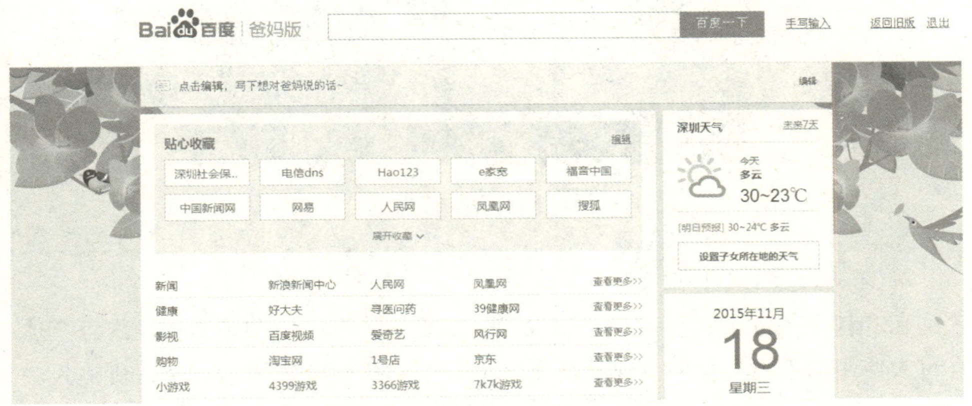

百度爸妈搜索首页截图

另外，百度为中老年人设置“爸妈上网小课堂”，解决了子女没时间教父母上网的难题。

百度盲道

百度盲道是国内首款适合盲人应用的手机软件平台，于2007年4月25日上线。

1. 百度盲道

百度盲道是百度提供的方便视障人士上网阅读信息、参与社区互动、听歌、访问互联网上其他相关网站的特殊入口。

百度盲道包括了7项主要的百度搜索服务，分别是盲道版的百度新闻搜索、百度网页搜索、百度MP3搜索、百度贴吧、百度知道、百度百科、Hao123网址导航，其内容显示页面和正常页面是一样的，不一样的地方就在于每个频道的首页没有登录入口，以及五花八门的图片。每个频道首页都经过精心设计，布局非常简单，方便查找的Hao123网址导航也是特别为盲人定制的，非常方便。

手机APP百度盲道页面

2. 保益悦听掌上盲道

在2010年国际盲人节前夕，百度与保益公司合作，成功推出了国内首个适合盲人使用的手机软件——保益悦听掌上盲道。该软件利用了百度手机输入法和百度盲道来帮助盲人实现短信发送、网页浏览、软件应用等，极大地拓展了盲人群体与外界的沟通渠道。

保益悦听掌上盲道在百度开放平台上同步发布，成为百度开放平台所吸纳的首款公益类资源应用软件。

百度不仅利用自身的技术优势，将百度输入法的核心技术无偿提供给保益使用，还首次利用开放平台，全面协助第三方开发商利用互联网创业，通过为他们提供从研发到推广、销售的一站式服务，帮助残疾人群体实现成功创业的梦想。

保益悦听掌上盲道获得了广大用户的认可，上线1周便成功售出270套产品。

另外，2011年，百度分别和中国移动、中国联通等通信运营商达成重要合作，为盲人群体增设了特价通话套餐、盲人集团客户等盲人优惠服务。

【拓展阅读】曹军：保益悦听掌上盲道

曹军：保益悦听掌上盲道

中国大约有1300万名盲人，他们也在使用手机，但是只带语音功能的普通功能手机并不能满足盲人们的需求，而现在的智能手机大多是没有物理键盘的，触屏操作的话盲人没办法进行屏幕定位。

怎么才能让盲人用上智能机？

一个由盲人领导的团队解决了这个问题，他们开发的语音辅助应用——保益悦听，通过手势功能进行屏幕操作和菜单选择，并对所有的操作和菜单选项进行语音提醒。盲人只要经过简单的摸索和学习，就能独立操作手机中的各项功能，盲人及低视力者可以便捷地利用手机拨打电话、发送短信，甚至通过手机上网。

这位团队的领导者是曹军——保益互动科技发展有限公司董事长、盲人CEO。在曹军看来，保益悦听不仅是一个能够满足盲人通话、娱乐的工具，更是一个能够帮助盲人融入社会的工具。

曹军先天失明，18岁自立，在盲人按摩院工作了两三年之后，自己创办了盲人按摩连锁店，一度拥有10多家按摩店。后来他接触并喜欢上了IT技术，开始从事盲人电脑教学。从2008年开始曹军进入手机读屏软件市场，并从一开始就将目光集中在“无人问津”的盲人手机软件领域。也因如此，保益悦听很难遇到全心投入该领域的竞争对手。

创业初期，为了凑足资金，曹军卖掉了自己的房子。然而对于不懂IT的盲人而言，这是一个美好而又纯粹的梦想。2009年，曹军邀请现任保益互动科技发展有限公司CEO的冀东加入团队，彼时冀东在搜狐的月薪已过2万元。曹军称真正打动冀东不计薪酬加入团队的是因为他当时说的一番话，“如果你能做出读屏软件，我相信每一位盲人都会记得你，你的成就将得到社会的认可。”随后冀东也陆续带着自己身边的技术朋友加入，随后保益悦听逐步走向正轨。

研发过程并非一帆风顺，很多程序员根本不能理解曹军提出的要求。举个最简单的例子，曹军要求程序员能够让盲人在锁屏界面上读取时间、电量。他们会说你解锁后不就读取了吗？曹军就耐心地解释，看到的世界和听到的世界是完全不一样的，简化一个操作对盲人而言就是少走一个弯路。此类“抬杠”经常发生在保益悦听的办公室内。正是诸如此类的细节关怀，让保益悦听得到了市场的认可，2010年公司利润率便达到30%。

我的梦——中国梦

曹军坦言保益悦听现在最大的问题就是如何有效地快速聚集更多的用户。相对于1300万人的盲人数量，至今仅有8万台手机安装了保益悦听软件。“电脑在盲人群体中普及13年了，现在才有10万名盲人会使用电脑。更何况智能手机？他们根本没有概念。”曹军坦言。相对于认知的落后，收入来源也是制约软件销量的原因所在。依靠家人照顾及政府救济，即便是千元智能机也足以称之为奢侈。尽管盲人消费者有着这样那样的理由拒绝保益悦听，但是曹军相信，只要盲人能够明白保益悦听可以成为他们认知、学习以及融入社会的工具，就会有更多的人接受它。刊登广告需要付出昂贵的广告费，并且几乎没有顾客询问。于是，曹军就派人到盲人按摩院去推广。中国有30万名盲人按摩师，一家按摩店，只要有2名盲人接受了，就能带动更多的人接受。尽管这个方式显得有些“笨”，但收到了非常好的效果。

自2012年7月保益悦听安卓触屏版本推出以来，不到半年的时间销售量已经超过8000个，装机量达2万台（含免费公益版）。甚至有20多名盲人通过手机QQ找到终身伴侣。曹军说：“目前使用读屏软件的盲人用户，差不多80%都在使用保益悦听。盲人很自闭，害怕被嘲笑，不敢与外界沟通。通过学习手机操作，他们将了解互联网，并能够获取外界信息，能打字、能交流。”2013年新闻联播“我的梦中国梦”栏目对保益悦听做了报道。此外，保益悦听还得到了中民慈善总会的相关奖项，荣获2013创赢未来年度总冠军并获得200万元的奖金。

保益互动公司员工有40多名，其中30多名都是盲人，保益软件的测试和客服团队22名全是盲人，他们借助语音辅助软件能够独立操作电脑、手机，回答盲人用户的问题，教大家使用手机和各种软件，由于他们本身也是保益悦听的产品用户，因此更加理解盲人的需求和困难。

百度寻人

百度寻人是中国最大的失踪儿童与流浪儿童开放数据库。

1. 百度寻人上线

2011年2月19日，百度寻人公益互动开放平台正式上线。百度寻人借助百度业界领先的搜索技术、庞大的用户规模、海量的数据优势，迅速建立起全国范围内失踪儿童与流浪儿童的开放数据库，同时利用中国科学院计算技术研究所无偿提供的人脸识别技术迅速匹配孩子的照片，帮助家长和热心网友第一时间获取失散儿童信息。

百度寻人官网首页截图

2. 手机版上线

2011年3月3日，掌上百度推出百度寻人手机版本，支持即时拍照进行人脸识别，帮助孩子尽快回家。

据该项目负责人介绍，百度寻人手机版不仅方便热心人士随手发布所拍照片，更使他们可以现场采取行动。通过人脸识别比对丢失儿童数据库和实地拍摄图片，也可将网络线上资源和线下行动快捷对接。这意味着，百度寻人手机版可实现现场识别儿童身份并举报，为网络寻人开辟了更加高效、更易操作的新途径。

相关链接

百度上线地震全网寻人平台　整合谷歌、新浪等7大网站数据

2013年4月22日，即雅安地震第三日，针对国内各大互联网推出寻人平台、资源互不统一的情况，百度整合百度贴吧、搜狗、360以及一淘等平台的寻人信息，于上午正式推出百度全网寻人平台。这一产品上线之后，周鸿祎、闾丘露薇等人纷纷转发表示支持。

据百度方面透露，百度已经和新浪微博、腾讯微博、Google等寻人平台建立联系，相关数据获取正在紧张进行中。百度将在最短时间内彻底整合国内七大平台数据，帮助网民统一搜索寻人相关信息。同时，百度承诺，将会对外全面开放百度全网寻人平台系统，任何网站均可以将寻人信息加入这个模块，或从该模块中获取全部数据。

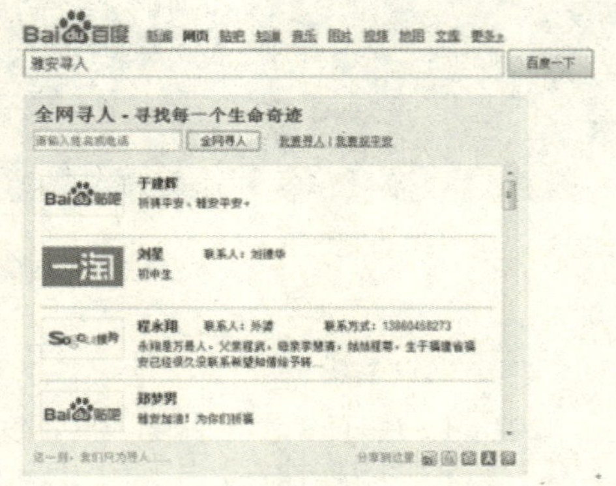

百度全网寻人平台截图

据悉，只要用户登录百度首页，搜索“雅安寻人”“雅安地震”“地震”等热门关键词，即可进入全网寻人平台。截至2013年4月22日16：07，百度全网寻人平台已经整合数据达12000条，网友可以在平台上看到百度贴吧、搜狗、360和一淘等网站提供的寻人信息。

雅安地震当日百度在紧急捐款500万元的基础上，发动贴吧网友捐款捐物，并推出了百度寻人服务。截止到2013年4月21日21：00，百度寻人上已有23人与亲友取得了联系，寻人总回帖数近15万条，网友关注数超过1600万。

百度寻人团队也向外界披露了一个17岁少女寻人的真实故事。2013年4月21日下午，百度贴吧人员接到信息，一个女孩称找不到男朋友×××。获知这一信息后，工作人员立即核实消息并将其发送到前方救援队，同时通过官方微博呼吁网友帮助寻找，数万网友转发评论给予帮助和鼓励。22日午间，百度贴吧寻人平台确认×××已经和女孩成功连线，除急需饮用水外一切正常。

百度全网寻人平台一位不愿透露姓名的工作人员表示："雅安地震是中国所有人的共同灾难，需要大家一起面对。百度作为全球最大的中文搜索引擎，有义务站出来为受灾的亲人以及所有关心雅安灾区的人们提供最多的帮助。在争分夺秒的救灾面前，我们所有的互联网公司都是一个整体，百度将力争发挥平台的作用，连接生命的希望。"

"阳光行动"

发起"阳光行动"

2010年12月17日，百度发起"阳光行动"，旨在"打击互联网不良信息、共建和谐网络环境"，致力于维护广大网民的合法权益。一方面，百度通过大力完善技术和产品机制，从源头控制、内部监察、正向引导等多个角度对网络不良信息进行治理；另一方面，百度还联动政府监管部门发动全民乃至全社会力量，加大力度净化网络环境、普及安全上网知识。

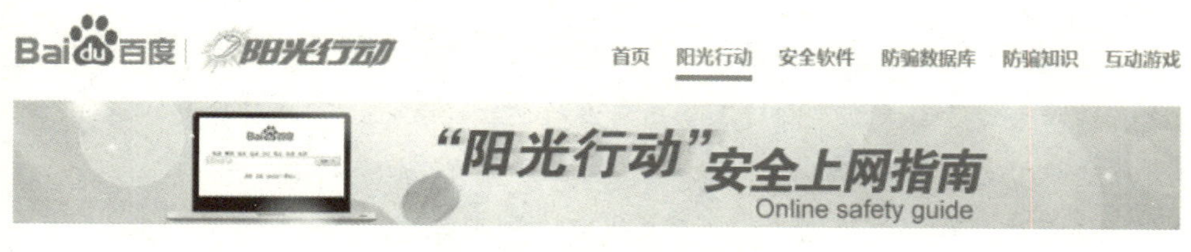

"阳光行动"页面截图

"阳光行动"不仅体现了百度认真履行企业法定责任和社会责任的决心，在业界起到很好的示范作用，还扩大了互联网违法和不良信息举报中心的举报受理渠道，同时进一步发挥行业自律组织的桥梁和纽带作用。"阳光行动"致力于构建一个更加可信、可靠，更加和谐美好的网络环境，让中国网民能够更加安全、自由地享受互联网带来的丰富信息。

“阳光行动”的实施

百度“阳光行动”四大举措如下图所示。

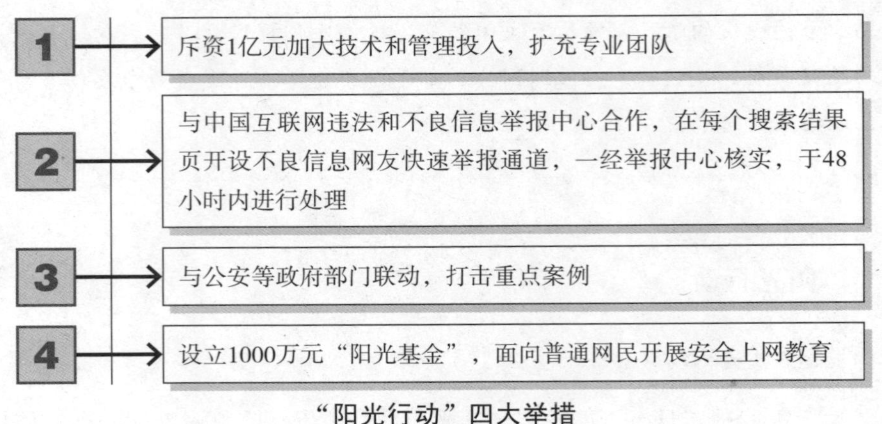

“阳光行动”四大举措

百度“阳光行动”半年打击虚假网页超千万

互联网的蓬勃发展，使得人们对网络的依赖度越来越高，但是不良垃圾、非法、欺诈等信息的泛滥，却给互联网行业的健康发展蒙上了一层阴影。不过，随着百度“阳光行动”的开展，不法信息的生存空间也越来越小。

据百度负责人介绍，自2010年底发起“阳光行动”到2011年7月25日，半年多时间里，百度打击、清理的虚假网页数量已经超过1280万个，涉及虚假站点超过130万个。据悉，自“阳光行动”启动以来，百度先后发起了打击识别虚假网站信息、框计算正向引导优质资源、联动腾讯金山打击网购欺诈等一系列举措，并取得了积极效果。在半年多时间里，活动成果显著，清除了一大批虚假、欺诈信息，从源头上控制了不良信息的蔓延，减少了网友因误入陷阱所带来的经济损失。

内部资料显示，在“阳光行动”中，百度特别针对游戏私服、话费充值等诈骗行为高发的领域进行了重点打击，对网银、旅游、租车、物流、搬家、食品、盗号等类别的违规推广信息进行重点治理，并联合公安机关破获了机票诈骗、游戏盗号网银钓鱼等多起重大案件，抓获了一批犯罪分子。在百度严格的资质审查制度下，半年来，在希望借助百度搜索平台进行营销推广的全部新增客户中，有半数以上客户的推广请求，因资质不全或涉嫌违法、违规等问题，被百度拒之门外。

作为“阳光行动”的一部分，百度又启动了内部代号为“太阳风暴”的行动，通过升级技术，以及实行更加严格的管理机制，专门针对商业推广信息进行更深层次的筛查和监控。

对于后续的工作，百度相关负责人透露，2011年下半年，百度还将继续通过技术、监管、巡查及正向引导等方式，净化网络环境、打击虚假欺诈信息，重点推进“太阳风暴”各专项行动，对商业推广中一些涉嫌违法、违规和打擦边球的行为形成持续高压态势，不断完善对知名品牌的保护工作。此外，百度还将充分发挥搜索引擎的技术及网络优势，积极配合执法部门进行网络取证、打击重点案例。

据悉，“阳光行动”是百度于2010年底联合中国互联网违法和不良信息举报中心发起的活动，旨在加大打击互联网违法、不良和虚假信息的力度。

不良信息的处理

“阳光行动”实施的同时，百度还对8.6万家资质不全和发布不良信息的客户进行了下线处理。另外，百度也发动网民举报搜索结果页的虚假信息。同时，百度积极联合相关部门开展一系列的专项行动，对网游私服、网银钓鱼、旅游、租车、团购、金融服务等30多个类别的违规推广进行重点打击，下线违规推广。

“阳光护航”行动

2011年，百度联合相关政府部门和行业协会展开“阳光护航”行动，联合行业协会、媒体组建“阳光联盟”，发挥监督力量，对网络诈骗高危领域进行正向信息提示，对超过5000家知名企业品牌及官方客服进行保护。

此外，百度还与北京市公安局联合推出安全上网普及计划，大力推广网络安全教育。

百度人的公益

员工和伙伴是百度公益行动的重要参与者。他们将百度的公益理念融入到日常工作、生活和运营中，在行动中实践百度“弥合信息鸿沟，共享知识社会”的社会责任观。技术改变生活，知识改变命运。百度员工自发组成百度志愿者协会、百度联盟伙伴搭建联盟·爱公益平台，都旨在充分发挥百度技术优势，促进教育平等、社会可持续发展。

支持员工参与公益

百度志愿者协会于2009年2月18日成立，是由志愿从事社会公益与社会保障事业的百度员工共同组成的社会团体，并接受共青团中央、民政部的业务指导和监督管理。同时，百度也是团中央中国青年志愿者协会的志愿者网络管理系统试点企业。

百度公益图标

百度志愿者协会以“志愿、快乐、奉献、成长”为口号，奉行“奉献、友爱、互助、进步”的准则，以“弥合信息鸿沟，共享知识社会”为宗旨。协会定期举办志愿服务项目，并招募有爱心、有责任感的百度员工参加，积极、诚恳地为志愿者与社会架起爱的桥梁，让百度志愿者的热情温暖每一个需要帮助的人。

百度企业社会责任指导委员会

百度志愿者协会隶属于百度企业社会责任指导委员会，共拥有5支志愿服务队，分别为Du公益联盟志愿服务队、小桔灯志愿服务队、新公民志愿服务队、联盟·爱志愿服务队、健康宣传志愿服务队。其中新公民志愿服务队、Du公益联盟志愿服务队和健康宣传志愿服务队是百度员工自发组织的。

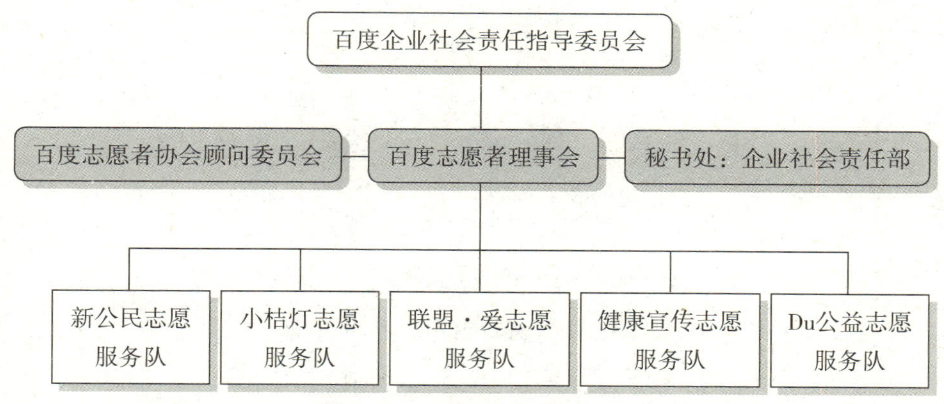

百度企业社会责任指导委员会架构

为了系统地开展和管理志愿者活动，百度也在公司内网建立了志愿者平台，不仅方便员工加入志愿者团队，进行活动记录，同时各服务队队长还能在第一时间发布活动信息。志愿者平台使百度志愿者活动的流程更加清晰：从策划、报名、实行到总结，每一步的信息都能得到准确的记录。

【拓展阅读】 ICT专业志愿者联盟

ICT专业志愿者联盟

2010年12月，百度与英特尔等公司联合发起成立了ICT专业志愿者联盟，以呼吁更多企业参与到企业志愿者队伍中来，承担社会责任。ICT志联（ICT，Information Communication Technology）是一个开放性专业志愿者平台，它以“云公益”Web2.0平台为依托，汇聚从事ICT行业的志愿者力量，通过为公益组织提供能力建设培训、专业技术支持和组织发展咨询等活动，提升公益组织在信息技术方面的应用能力，进行公益组织慈善行业的专业化分工合作体系的建设，以信息化促进公益行业健康有序的发展，倡导和传播志愿精神。

同时，ICT志联地还开办了志愿者俱乐部，为联盟会员提供能力建设、分享交流和社交支持的平台，让企业志愿者在服务中快乐发展。ICT志联中的专业志愿者分为企业志愿者和社会志愿者两种类型，企业志愿者为来自联盟会员企业的员工，社会人士可以个人身份加入联盟。

ICT专业志愿者联盟图标

联盟·爱

联盟·爱，是由百度联盟于2010年发起，聚合百度联盟近60万合作伙伴的力量，致力于改善中国贫困地区医疗和教育现状的公益平台。

联盟·爱logo

联盟·爱诞生

百度一直将参与公益、回报社会视为责无旁贷的责任。百度联盟希望与广大联盟伙伴一起携手奉献爱心，将这个目标融入百度精神当中，百度联盟·爱公益平台基于这一理念诞生，百度联盟也把联盟·爱公益平台视为一个重要的公益渠道。多年来，联盟·爱公益平台已经相继发起了一系列助学扶弱的行动，帮助众多贫困地区和弱势群体的孩子们获得接受先进科技教育的机会。

联盟·爱宗旨

联手同心，以爱为盟，共同参与公益行动，打造一个透明、便捷、高效的互联网公益平台，联盟·爱公益平台行动口号：让爱如此简单！

联盟·爱官网

2010年1月16日，联盟·爱官方网络平台正式上线，并于2012年2月14日进行首次优化升级，对外发布新版。新平台延续了联盟·爱以助学助医领域为主导的公益项目捐赠，整合四大公益项目，并全方位关注贫困山区孩子的教育及健康现状。另外还增设了资讯频道、互动空间，让会员可随时通过联盟·爱平台获知最新的公益资讯，第一时间关注最有价值的公益资讯，以及联盟·爱公益项目进展情况的实时快报，为受捐对象与爱心会员之间架起一座良心互通的公益爱心桥梁。

【拓展阅读】 联盟·爱之“为孩子插上梦想之翼”

联盟·爱之“为孩子插上梦想之翼”

2011年10月18日，百度联盟·爱正式发起“为孩子插上梦想之翼”的暖冬助学计划，携手爱心百度联盟会员为贫困地区的孩子们带去暖意。“梦想之翼”由“免费午餐”“希望厨房”“爱心包裹”“爱心校园”四大公益项目组成，从健康状况、教育环境、学习资料三方面，为贫困儿童及弱势群体提供切实、有效、多方面的捐助。百度联盟会员可通过联盟·爱平台选择符合自己意愿的公益项目，并通过积分兑换的方式进行爱心捐赠。

“免费午餐”

百度联盟·爱“免费午餐”，是中国社会福利基金会免费午餐基金与联盟·爱联合发起的网上捐赠项目。

免费午餐基金由邓飞等500多位记者、国内数十家主流媒体，联合中国社会福利基金会发起的公募计划，倡议每天为农村贫困儿童捐赠3元免费午餐。

“希望厨房”

“希望厨房”由百度联盟·爱与中国青少年发展基金会联合发起，旨在改善农村小学厨房设备和卫生条件，帮助学生健康成长。

“爱心包裹”

“爱心包裹”是由中国扶贫基金会、百度、中央电视台电影频道等单位发起的一项全民公益活动。捐赠人可一对一结对捐助一名贫困地区或灾区的小学生。项目实施以来，因捐款使用透明、参与便捷、参与门槛低、体验性强等特点得到了社会的高度认可。

“爱心校园”

“爱心校园”由百度联盟·爱与四川省宜宾市春苗公益助学中心联合发起，旨在改善贫困地区学校的教学配套设施。“爱心校园”项目不仅改善了学校的硬件设施，还为学校提供了更多的优质教育资源，为学生创造了更好的教育环境。

第二节　百度基金会

北京百度公益基金会（以下简称“百度基金会”）于2011年1月成立，是北京市民政局主管的非公募基金会。基金会的原始基金为2000万元，由百度在线网络技术（北京）有限公司捐赠。百度基金会重点关注知识教育、环境保护以及灾难救助三个领域。

知识教育

百度基金全方位关注教育，不仅有支持贫困学生的小桔灯项目，也有扶持乡村教师和打工子弟学校教师的蒲公英计划。蒲公英计划包括建立百度梦想中心、开发教学资源共享平台等内容，从硬件和软件两方面共同促进教育发展。

蒲公英计划

教师短缺是中国农村教育面临的一大问题。为此，百度基金会投入700万元，于2011年9月正式发起蒲公英计划公益项目，寻找并支持乡村教师，意在通过自身的力量并联合百度伙伴为贫困地区和打工子弟学校的老师提供现代化的教学设备和教育资源，帮助他们提升信息化教学水平，从而平等地享受教育现代化带来的便利，也让更多的孩子从中受益。

蒲公英计划通过为乡村教师提供更多教育资源及培训机会，协助他们提高教学水平，共同改善中国农村和打工子弟学校的教育质量，并在全社会范围内倡导“蒲公英精神”，让更多人关注打工子弟学校教师和乡村教师。

蒲公英计划由四部分组成：蒲公英教师、百度梦想中心、教学资源共享平台和蒲公英联盟。

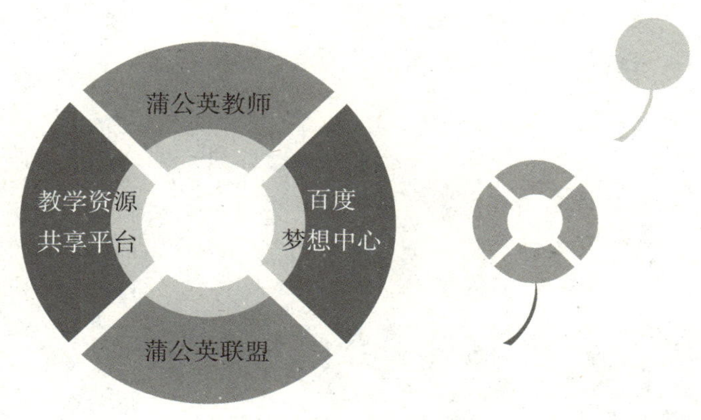

蒲公英计划组成

1. 蒲公英教师

蒲公英教师项目的重要任务之一是寻找乡村教师，授予他们“蒲公英教师”的称号，并邀请他们参加暑期举办的蒲公英夏令营。乡村教师不仅肩负着向贫困地区的学生们传递知识的使命，还肩负着向学生展示着未来的多种可能性的使命。他们在黑板上书写的每一个字，在教室里念的每一篇课文，都可能成为学生一生的记忆。

但这群教师的故事，却很少为人所知。百度基金会希望，蒲公英计划能够成为一个传播教育希望种子的平台。

2. 百度梦想中心

百度还为蒲公英教师所在学校建立百度梦想中心——一个集图书以及包括电脑在内的多媒体设备于一体的现代化教室。建成后的百度梦想中心将通过开设“蒲公英网络学堂”，对教师提供专业的教学培训，以提高他们的教学能力。

【拓展阅读】 第一个百度梦想中心——北京明圆学校（海淀分校）

第一个百度梦想中心——北京明圆学校（海淀分校）

北京明圆学校（海淀分校）是北京最早建立的打工子弟学校之一，由外地打工者张歌真于1997年创办，位于北京海淀区肖家河桥圆明园西路一处民工聚居区内。学校共有学生500人，教师26名。所有学生均为外地来京务工人员的子女，家庭收入普遍偏低。学校设施简陋，没有操场，冬天没有暖气，课桌和教学用具多为各界捐赠。

2011年7月，百度对明圆学校进行评估之后，决定在此建立第一个百度梦想中心。百度员工全程参与了梦想中心建设的各个环节，确保施工质量，并精心绘制了蒲公英墙，给学校的孩子们带来了惊喜。

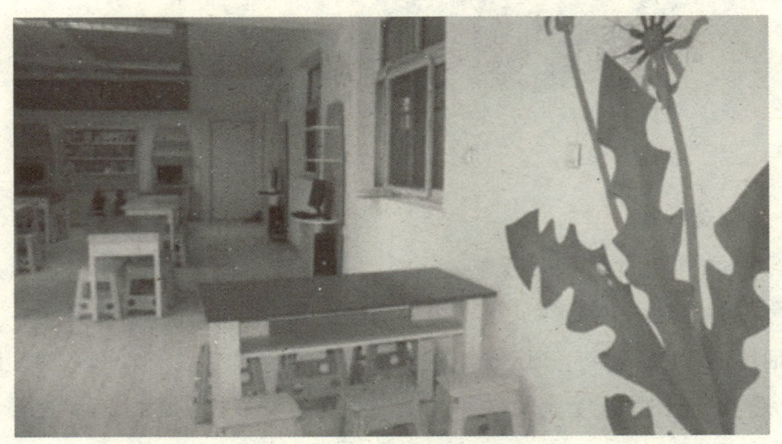

明圆学校百度梦想中心

3. 教学资源共享平台

教学资源共享平台全面支持知识教学资源的建设、共享、增值应用、增值服务和运营管理。它以百度在知识教育领域的公益行动为主线，以优质教学资源为核心，依托百度蒲公英官方网站，打通与百度文库的渠道入口，将文库中优质的教学类资源一键式纳入教学资源共享平台体系。

上传
汇聚爱心，平等成就乡村教师的梦想

下载
便捷获取所需教学文件，找到所求

阅读
汲取权威人士的经验，改变人生

教学资源共享平台体系

4. 蒲公英联盟

蒲公英联盟号召更多合作伙伴加入，为改善蒲公英教师的生活、完善教学条件共同努力，从而平等地成就每一个“蒲公英”。首批加入蒲公英联盟的机构包括：中国教育新闻网、教育部教育管理信息中心、上海真爱梦想公益基金会和百度小桔灯项目组。

百度小桔灯

小桔灯公益捐书活动是百度知道和百度百科共同发起的网络公益活动，于2006年开展，旨在为贫困地区的儿童提供图书和学习用品，让那些信息不畅、地区偏远的儿童也能通过书本来获取知识。同时聚集百度千万网友的力量，将知识的种子和互助奉献的理念由线上延伸到线下。

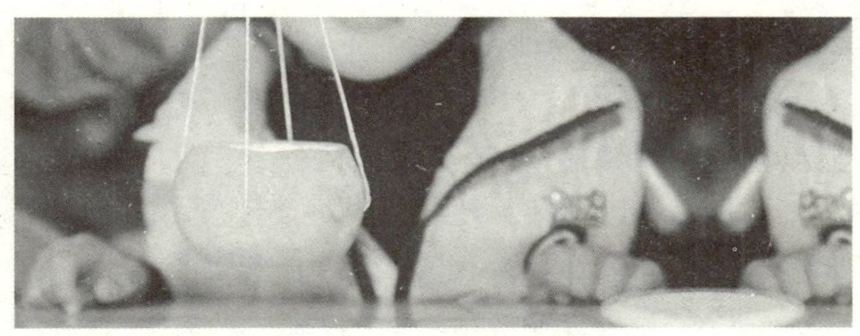

百度小桔灯宣传图片

百度小桔灯是一个充分发挥百度网络平台优势，支持贫困地区儿童教育的品牌性公益项目。截至2015年，小桔灯项目已经连续实施9年，体现了百度对知识教育领域的持续关注。同时项目又充分结合百度特有的网络知识平台——百度百科和百度知道，让数亿网友在进行知识传播活动的同时，为贫困儿童传递一份关怀。

百度小桔灯为网友提供多种参与途径：网友可以直接向项目组捐赠书本和学习用品；也可以通过爱心传递线上活动，在完成百度知道和百度百科的问题解答后，获得一个小桔灯图标。

百度小桔灯图标

小桔灯爱心历程

小桔灯第一次活动“爱知识也爱公益”于2006年8月成功举办，此次活动向甘肃省碌曲县的4所学校捐去6000本书。2006年9月“爱知识也爱公益”小桔灯捐书第二期活动开始，此次捐赠活动的捐赠对象是日喀则市东嘎乡的2所小学——日喀则市东嘎达龙小学和日喀则市东嘎中心小学。

2007年3月，为了帮助河南阳光家园的艾滋遗孤们达成获得知识的愿望，百度知道与百度百科联合中国社工会儿童救助基金，将为他们组建“温暖图书室”。这次活动为这些艾滋遗孤儿童提供了心理关怀援助以及科学知识普及。活动选择了河南省周口市和南阳市阳光家园的孩子们作为捐助对象。

2007年9月，新学年送知识，Intel小桔灯公益捐书。全球领先的芯片厂商Intel对贫困地区儿童的读书问题非常关注，此次支持百度知道与百度百科，再次发起向西藏贫困儿童捐书送知识的活动，为孩子们组建“百度/Intel 温暖图书馆”，让每个孩子都有书看。

2008年6月，东城区少年宫高三年级毕业典礼。百度小桔灯项目组成员赶到东城区少年宫参加了北京五中高三年级的毕业典礼，在毕业典礼上，北京五中高三年级同学共向小桔灯捐赠图书2000多册，文具若干。

2008年7月，北京海淀外语学校之行定在8月1日建军节之际，百度小桔灯项目组将到北京海淀外语学校看望从映秀姚渡过来借读的102名灾区小朋友。这102名灾区小朋友均来自“5·12”地震的重灾区，均为品学兼优且家庭受灾严重的学生。本次小桔灯将向这些孩子捐助图书及文具。

2009年6月，小桔灯携手外语教学与研究出版社（简称“外研社”），捐赠贫困山区百万元图书。6月15日上午，小桔灯与外研社共同宣布，将于近期携手推出“爱心图书馆”公益捐书活动。通过本次活动，外研社将向小桔灯提供至少价值100万元的图书，与小桔灯共建“爱心图书馆”，为贫困地区的儿童带去知识与关怀。

2009年9月，“夏日浓情，播种希望”活动圆满完成。在这次活动中，来自清华大学、安徽师范大学、杭州电子科技大学、河北大学、华南农业大学和太原工学院的同学们，作为小桔灯志愿者，组成多个分队，奔赴青海、河北、浙江、安徽等8个省份的数十所学校，在当地开展支教活动，并向当地的孩子们捐赠小桔灯提供的图书和文体用品。

2009年11月，开展井冈山坳里乡的南警希望小学之行，这里被定为小桔灯今年的第27站图书捐赠的对象。此前，成立2年的小桔灯已经捐出了3万多本课外书。

2010年5月，开展小桔灯乡村小学图书馆计划活动。小桔灯乡村小学图书馆计划本年度首站活动地点位于桂东县寨前乡平安希望小学。在启动仪式上，中国平安湖南长沙公司副总经理肖斗女士和《21世纪经济报》市场中心副总监宋长风先生代表活动的主办方，给学校带来了600多册课外知识书本，并鼓励孩子们努力学习、多读书。

2010年8月，百度小桔灯和青海卫视为玉树捐书，花儿朵朵鼎力相助。从7月底发起小桔灯玉树捐书活动后的1个月时间里，有超过80万的网友，通过各种形

式关注这次小桔灯玉树捐书活动。截至8月底，已经为玉树的10所学校募集了超过7000册书本。

2010年11月，开展大凉山螺髻山镇波洛坪村小学之行。百度小桔灯和西昌地区的志愿者们，一同走进大凉山深处的螺髻山镇波洛坪村小学，来到彝族孩子的身边，随志愿者们一起来到学校的，还有全国网友捐赠的6000多册书本和700多件文具。

2011年6月，百度小桔灯公益捐书活动再次开展，小桔灯与著名影视明星范冰冰一起来到了位于河南驻马店确山县的博世学校，为这里的孩子们送上1500多册书本和大批文具用品，而这些课外图书及文具很大一部分来自各地网友的捐赠。

2011年6月13日，百度小桔灯远赴贵州省清镇市，为红枫湖地区的3所贫困小学送去了1700本图书和300多套学习用品。百度CFO李昕晢和当红艺人熊乃瑾全程参与了此次公益捐书之旅，并为孩子们送去了温暖和祝福。

2012年3月，正值“雷锋月”期间，此次四川岳池县活动是百度小桔灯今年活动的第一站，本次活动携手影视明星应采儿为洞庭罐村雷锋小学的75个孩子捐赠了1500册书本，并送去75套书包以及文具等爱心物资。

2012年6月，百度小桔灯和《山楂树之恋》女主角周冬雨一起远赴吉林省镇赉县新立小学，为那里的孩子带去了众多课外书本，让孩子们收到了最珍贵的节日礼物。

2012年9月，在新学期开学的当周，百度小桔灯和《金陵十三钗》女主角之一的“玉墨”倪妮一起远赴广西开展“快乐开学”活动，本次活动为广西富川县瑶族洪水源小学

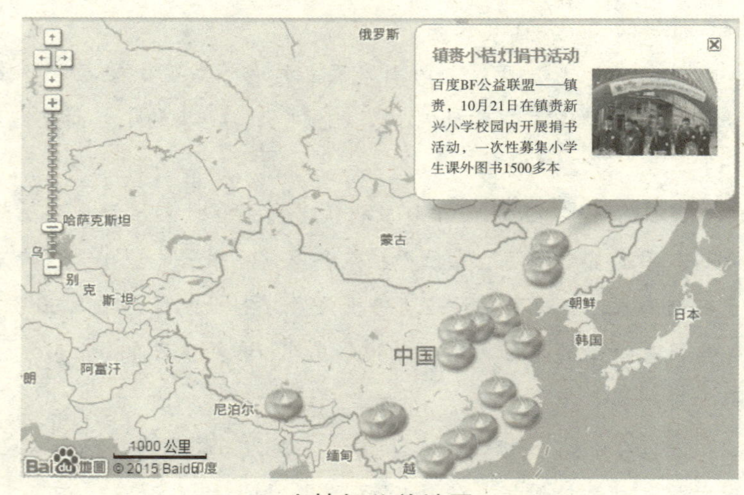

小桔灯公益地图

及周边2所学校捐赠图书近4000本，同时，小桔灯及百度贴吧中热衷公益的桂林吧、阿森纳吧等吧友联合捐赠价值3万多元的体育运动品及文具，让孩子们收到了最珍贵的开学礼物。

2013年6月13日，开展百度小桔灯六一“书”送未来公益活动，携手《步步惊心》男主角之一的“四爷”吴奇隆，一起来到贵州省关岭县落哨小学，为该校的同学们带来了3000本图书和1500本练习册以及篮球、羽毛球等学习、体育用品。

环境保护

百度一方面身体力行地践行环保承诺，在日常运营中制定并实施了一系列节能环保措施，鼓励员工参与，共同实现绿色节能的可持续发展目标。另一方面，百度结合自身的网络技术优势，积极参与环保活动，通过多款特色产品，全力向公众倡导环保理念，满足了人们在思考和行动的同时，也进行同步分享和沟通的需求，这充分调动了人们参与环保活动的积极性。

身体力行地兑现环保承诺

百度日常运营的各个环节，都显示出对环境无微不至的关注。百度对环境的承诺，不仅体现在公司的政策和硬件建设中，也展露在每一位百度员工的生活和工作中。从建立绿色数据中心、采用先进的绿色环保材料，到员工发起的“百度环保日”活动，百度一直都在身体力行地兑现对全社会的环保承诺。

1. 绿色数据中心

百度不断改进存储解决方案，提升服务器利用率，实现了闪存设备在网页搜索服务上的大规模集群式应用，是全球首家告别硬盘的互联网公司。通过闪存设备的使用，百度每年可节电4030万度，相当于节省近1.3万吨原煤、节省2亿升水、减少60450吨的二氧化碳排放量、兴建了2485亩森林。

同时，百度大量采用虚拟化技术，提升计算、存储资源的最大化利用，使功耗降低了一半。在数据中心建设领域，百度也在探索更为成熟的技术手段，以降低功耗，例如采用冷热通道隔离、封闭冷通道、烟囱式散热、水冷配合板式换热器和冰蓄冷等技术，从改善制冷效率入手提升数据中心的能源效率。

2. 绿色建筑

于2009年11月正式投入使用的百度大厦也处处体现着节能环保的思想。百度大厦外墙采用了Low-e中空玻璃，使通过玻璃窗的再次辐射减少85%，帮助大厦每年节电40%以上。

百度大厦采用了热效率更高的地暖供暖，拥有先进的给排水系统，采用无负压供水设备，设有中水处理、节水和用水系统，即便是在24小时冷热水供应的情况下，每年也可节水近1200万升。

百度大厦节能措施如下图所示。

冬季时，加强百度大厦供暖和防冻保温工作，降低蒸汽的损耗

对各区域温度进行统计分析，对冬季过高、夏季过低的温度区域进行调整

根据昼夜电价峰谷平的变化，调整百度大厦的供冷模式，节约能源费用，减少室外排放热量

根据四季天气变化，制定外围照明和大厅照明的开启时间，避免能源浪费

百度大厦全部采用“白天蓄能，晚上照明”的太阳能节能型灯具

根据大厦不同时段的人流量，调整大厦电梯的运行模式，当人流量较少时，电梯将自动以节能状态运行

百度大厦节能措施

“百度环保日”

百度致力于打造一个低碳环保、和谐健康的办公环境，同时从细节着眼提

升百度员工的环保意识，共同致力于保护绿色地球的行动。

自2011年12月起，百度将每月的11日定为“百度环保日”，并于当日在公司内部发起一个环保主题倡议，鼓励百度员工在每月11日亲身实践绿色工作和生活方式，例如选择爬楼梯、使用公共交通或者自行车上下班、调节办公室的空调温度。同时，百度鼓励员工在“百度环保日”不坐电梯，以此呼吁人们关注能源环境问题。

【拓展阅读】百度环保实例

百度环保实例

1. 变废为宝

从2011年起，百度大厦启动废弃物回收流程。截至2011年12月底，共回收铜版纸270公斤，废旧纸张1020公斤，百度员工还将变卖废纸获得的现金捐给了西藏昌都县昌都地区第二高级中学。2011年7月，百度把回收的60公斤对环境有害的废弃灯管，交由北京市危险废物处理中心做无害化处理。

2. 互联网行业首个“零碳会议”

2010百度世界大会组委会携手北京环境交易所，成功打造了互联网行业首个“零碳会议”。大会为此采取多种绿色措施：邀请函采用环保纸张打印、门票采用了电子认证系统、会议流程表也采用了电子版；在发送邀请时，组委会提醒和呼吁所有出席会议的嘉宾及听众，尽量采用公共交通工具出行；活动当天，百度世界大会进行了“低碳出行”的问卷调查，号召每一位与会者都参与到绿色低碳的行动中来。

唤醒公众环保意识

一个可持续的未来是全社会共同的梦想，百度愿意贡献自身最先进的互联网技术，与最富经验的国际环保组织合作，搭建所有网民都可轻松参与的互动平台。在该领域，百度成功发掘网络技术在倡导环保意识方面的重要作用，有效地将个体行为汇聚为群体力量，让行动和分享同步成为可能。

携手开展“地球一小时”活动

2010年和2011年，百度连续2年与世界自然基金会（WWF）合作，协助推广“地球一小时”活动，倡导更多网友关注气候变化问题。作为世界自然基金会在中国区的独家搜索引擎合作伙伴，百度充分调动了其丰富的网络资源，包括百度地图、百度知道、百度百科、百度空间、百度新闻、百度身边等产品，展开了为期一周的百度“地球1小时”低碳环保公益行动。2010年，共有300万人和1924家公司参与这项活动；2011年，参与人数达到330万人，参加的公司数量上升到7515家。

1. 传播环保理念

百度为“地球一小时”活动制作了专题页面，并对各类信息资讯进行了及时有效的整合和传播。

“2010地球一小时（Earth Hour）”活动logo

2. 开辟多重参与通道

百度地图开启了“标注你的位置，参与‘地球一小时’”的线上活动，网友可以登录百度“地球一小时”专题页面或世界自然基金会“地球一小时”专题页面，在线承诺“熄灯一小时”和“一个环保改变”，随即在百度地图上标注自己参与“地球一小时”活动的位置，留下一个绿色的“足迹”。

百度Android手机地图还提供另一个参与办法，让网友可以在熄灯后将自己的位置分享给好友，实现彼此实时关注。此外，百度地图首页专题上还专门设置了“熄灯去哪儿”板块，为网友提供公园、广场、健身房等众多熄灯后的好去处。

百度知道通过征集环保问题与答案、奖励用户环保徽章，与网友进行环保话题的深度互动。百度百科则借助亿万网友的力量，建立环保百科词条，对环保知识进行大力宣传。

【拓展阅读】“地球一小时”——百度致网友的绿色倡议书

“地球一小时”——百度致网友的绿色倡议书

2010年3月19日消息，百度向全球网友发起倡议，号召大家加入“地球一小时”活动，为全球人类的绿色环保做出贡献。倡议书全文如下。

干旱、海冰、雪灾、洪水……已成了2009年全球气候的代名词。因全球气候变暖导致的极端天气正在频频发生，这不能不让我们陷入对环境问题的深思。面对全球气候变暖、冰川消融、环境恶化，我们能做点什么？

温总理在哥本哈根大会上向全世界庄重承诺：中国将在“十一五”期间将能源强度降低20%，到2020年将碳排放强度降低40%～45%。此时，每个企业和个人也应该积极思考，自己究竟能够为这个目标做点什么？

作为一个负责任的企业社会公民，百度在为数以亿计的网民提供便捷获取信息方式的同时，也一直关注着环境保护。我们推出了减排降耗的晶存储技术，在采用这一更低功耗的存储解决方案后，百度每年可节电4030万度，相当于节省近1.3万吨原煤、节省2亿升水、减少二氧化碳排放量60450吨，兴建了2485亩森林；我们设计了崭新的百度大厦，在这一低碳环保的智能绿色办公大楼办公，每年可节水近1200万升，与普通的办公大厦相比，百度大厦每年可节电40%以上。

由于在绿色环保方面身先士卒的示范效应，以及作为媒体平台的巨大影响力，百度成为世界自然基金会（WWF）“地球一小时”（Earth Hour）活动在中国区的独家搜索引擎合作伙伴。为身体力行地参与“地球一小时”活动，百度北京总部及遍布上海、广州、深圳、日本东京等地的全部分公司，都将在3月27日晚20：30～21：30关闭一切电灯、电器一小时。同时，我们倡议，所有百度的网友、客户伙伴、合作伙伴，也能与我们一起参与到“地球一小时”活动中，让我们为绿色环保，为保护我们共同生活的家园做出庄严的承诺！

作为有影响力的媒体平台，百度还为“地球一小时”活动设置了专题页面，全面向大家介绍“地球一小时”活动的意义及开展情况；我们也通过百度百科、百度知道、百度贴吧、百度空间等搜索产品进一步传播节能减排知识。此外，我们还将地图产品开放出来，作为中国大陆唯一参与“全球一小时”活动的官方入口，百度地图将在“地球一小时”活动中，全面记录每一位熄灯朋友的足迹。

一个人熄灯一小时，或许微不足道；我们每个人熄灯一小时，则积溪成流。我们更希望“地球一小时”活动能够唤起每个人的环保意识，每一天、每一刻，从身边的小事一点一滴做起，为节能环保发挥自己的作用，让我们生存的环境更加美好！

最后，向所有关注和期待加入活动的朋友们，向热爱地球，并积极主动保护地球环境的朋友们，致敬！

百度企业社会责任委员会

2010年3月19日

发起“百万奇迹”活动

2011年5月，全球最大的中文百科平台百度百科与气候组织（The Climate Group）的“百万森林”项目合作，发起了“百万奇迹”活动，活动时间为2011年5月15日至2011年10月15日。

“百万奇迹”

此次活动计划达成100万个相关词条的编辑，并最终与“百万森林”项目一起栽种100万棵沙棘树。“百万奇迹”活动是寻知环保体验之旅，也是普及正确的知识、正确的公益行为的互动平台。

1. 线上活动

通过线上答题，线下种树的方式将网友的知识经验与绿色环保相结合，在

100个城市由100个环保卫士共建“百万森林”。百度用户只要领取百度百科任务包，完成任务包即可获得积分，每5个积分就能换算成1棵沙棘树的捐献，最终根据捐献表现，评选出100位环保卫士。

此次活动共有144250人参与了线上绿色低碳词条的编辑和分享活动，共编辑完善了105589个公益词条，在中国59个城市举办了徒步大会、单车骑行、环保签名等公益活动，一共种下了203043棵树。

线上参与流程如下图所示。

第一步　登录百度百科专题页面领取任务包

任务全部为编辑词条目录，领取后会提示每个词条相应的预期要求。每个用户只能领取1个任务包，包里有3个词条

第二步　编辑词条

用户领取任务包后在规定时间内完成词条编辑任务。若用户在领取任务包6小时内未提交任何编辑版本则任务包收回，并发给其他用户。如领取后虽有编辑，但是24小时内未完成，任务包也会收回。收回时会看完成了多少词条，已完成的包内词条会照常给分

第三步　积分兑换

用户在完成百科任务包积累一定积分后，可以到官方主页上用积分兑换实物沙棘树。每完成一个词条会获得3分活动积分（与百科经验值、财富值无关），若进行复杂编辑，另外加5分。积分将以每5个积分换取1棵沙棘树的换算方式以用户的名义进行捐献

第四步　环保卫士评选

当期活动结束后，根据捐献积分评出当期冠军，冠军将获得奖励及参与线下活动的机会。并最终根据捐献表现，年终评出100名环保卫士；评选10位代表人物登上德高地铁广告，并有机会参加德班气候大会

“百万奇迹”活动线上参与流程

2. 线下活动

线下围绕环保公益主题，以北京为起点，用知识穿越全国100座环保城市，联合全国各地网友和各大高校的环保社团，围绕“绿色、环保、公益”的主题，举办100场落地活动，集互动环保体验与知识于一体，用多媒体影像展的方式呈现，最终到达甘肃省定西市通渭县。全国各地网友可就近参加所在地区的公益活动。

倡导绿色低碳

2010年，百度联合百度朋友（BF）， 在全国范围内倡导低碳环保理念。百度不仅在全国16座城市开展线下活动，还制作专题页面，生动呈现 “低碳足迹”，并设计了低碳计算器，方便网友计算日常生活中的碳排放量。

2010年9月19日“世界无车日”，百度粉丝发起公益骑行活动，穿越了哈尔滨、沈阳、南宁、郑州等14个省会城市以及数十个县市。短短1个多月，骑行互动的征集帖点击量超过10万次，百度粉丝用自己的行动呼唤更多的人体验绿色低碳的生活方式，共同为改善地球环境做出贡献。

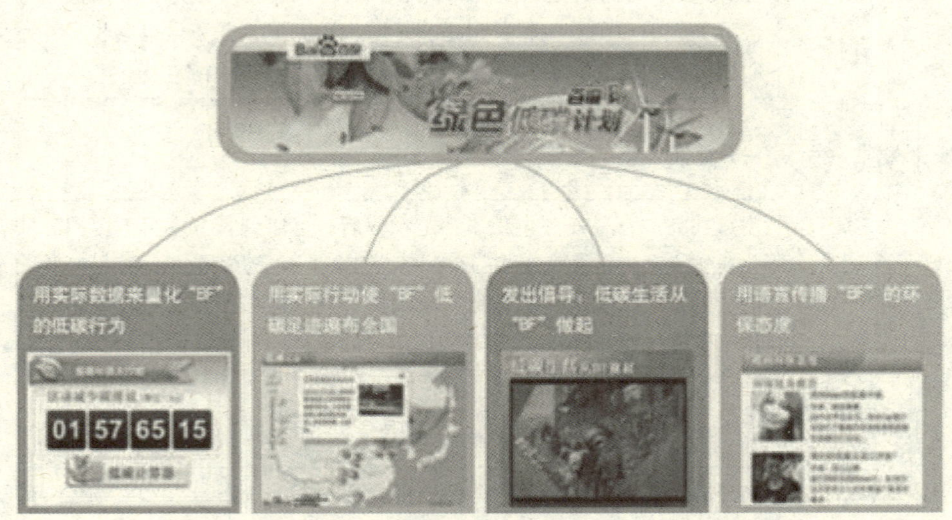

百度BF绿色低碳计划

灾难救助

天灾无情，人间有爱。过去多年里，世界各地发生了多次重大自然灾害，造成了巨大的人员伤亡和财产损失。百度在每一次灾害发生后，都迅捷反应，充分发挥百度的搜索技术优势，第一时间提供捐款通道信息，并对各类信息进行实时汇总，帮助网友了解真实灾情，避免谣言扩散。

海地地震

2010年1月，海地发生里氏7.0级地震，给这个加勒比海岛国带来了巨大的人员伤亡和财产损失。百度在第一时间，主动联系中国红十字总会、联合国世界粮食计划署（UNWFP）、中华慈善总会、中国扶贫基金会、壹基金，将最新的募捐信息优先呈现在网上。同时，阿拉丁平台的“一步到位”搜索优势也起到了关键作用。

广大网民只要搜索“海地地震”“海地地震捐款”“海地地震募捐”等关键词，大型救灾组织和它们的捐款方式信息就会立刻呈现在搜索结果中。此外，百度借助有啊支付平台——百付宝，率先联合中国红十字基金会建立在线募捐平台，方便用户进行捐款。

西南旱灾

2010年3月，中国西南地区发生严重旱灾。百度有啊联合广大买家，发起赈灾义卖活动倡议，百度在活动规则制定、商品征集、商品遴选、商品铺货、商品展示、商户沟通等各个方面进行精心设计，保证每一个细节的执行都有效，为捐款人的每一分钱负责。

玉树地震

2010年4月，青海省玉树藏族自治州发生里氏7.1级地震。百度不仅第一时间通过互联网发起募捐行动，在百度首页放置红十字logo，还于次日凌晨推出青海地震专题页面，对互联网上与青海震情相关的各种报道和信息进行系统化更新。

日本大地震

2011年3月，日本福岛核电站在日本大地震中受损，网络上因此出现“食用碘盐可预防核辐射”的谣言，中国部分城市出现消费者抢购食用盐的现象。百度为了消除人们的恐慌情绪，发挥“框计算”技术优势，第一时间在搜索结果的显著位置放置官方的正式声明，对谣言进行澄清。同时，百度在新闻页面特别开设了“谣盐”专题，实时汇总官方消息和新闻报道，为网友提供更全面的信息来源。

四川雅安地震

北京时间2013年4月20日8时02分，四川省雅安市芦山县发生里氏7.0级地震。百度基金会先后宣布紧急向四川雅安地震灾区首批捐款500万元支援救灾，用于灾难救助。

另外，百度在最短时间内彻底整合国内七大平台数据，帮助网民统一搜索寻人相关信息。百度承诺，将会对外全面开放百度全网寻人平台系统，任何网站均可以将寻人信息加入这个模块，或从该模块获取全部数据。

只要用户登录百度首页，搜索“雅安寻人”“雅安地震”“地震”等热门关键词，即可进入全网寻人平台。

云南鲁甸地震

2014年8月3日16时30分，云南省昭通市鲁甸县发生里氏6.5级地震，这是18年来云南发生的最严重的地震。针对云南鲁甸的地震灾情，百度第一时间响应抗震救灾号召，并发动百度搜索、百度贴吧、百度钱包、百度地图等各项产品来支持抗震救灾工作，同时百度基金会向地震灾区捐赠500万元，用于灾难救助。

百度搜索作为网友获取信息最重要的通道，网友在PC端和移动端通过搜索“地震”“云南地震”等关键词，可以看到百度紧急上线的阿拉丁特型平台的搜索结果，在搜索结果页直接可以看到各媒体对于灾区救援情况的实时、集中报道。

百度钱包也开设了专门的募捐通道，为灾区募集更多爱心的力量。同时百度地图紧急筹备上线灾区物资需求地图以帮助人们更加及时、准确地了解灾区情况，参与救援。

第三节　百度公益开放平台

百度公益开放平台简介

百度公益开放平台是基于“框计算”的技术创新与开放搜索运营机制，以“大力传播公益品牌，全面支持慈善事业”为宗旨，由百度公益基金会、百度开放平台及百度企业社会责任部等联合发起建立的。通过该开放平台，任何合法的公益慈善组织、基金会及各所属的公益项目，均能在百度大搜索中稳定实现最佳的展现形式与最佳展现位置。

百度公益开放平台于2011年4月22日成功上线，任何合法公益组织和公益项目均可完全免费申请合作。

百度公益开放平台

百度公益开放平台的价值如下图所示。

价值一：搭建开放的绿色公益桥梁——让大众最便捷地找到公益，让公益最畅通地找到大众

价值二：筑造阳光的权威公益平台——为各大公益慈善组织及所属项目，树立稳定的官方形象，传播权威的公益信息，全面开展打击骗捐网站、骗捐账号和骗捐电话的“阳光行动”

价值三　全面推动中国公益慈善事业信息化新进程

百度公益开放平台的价值

与百度公益开放平台合作

合作方式

与百度公益开放平台的合作主要有下图两种方式。

方式一：登录百度公益开放平台官方网站，在“我们欢迎并期待以下优质资源加入我们”一栏中，选择“公益组织”一项，点击即可进入合作流程

方式二：登录百度公益开放平台官方网站，可以看到百度公益开放平台“宣传栏”，点击即可

与百度公益开放平台合作

加入百度公益开放平台

1. 加入百度公益开放平台的要求

加入百度公益开放平台的要求如下图所示。

要求一：经国务院民政部门或者国务院授权的组织；经省、自治区、直辖市人民政府民政部门授权或者在省、自治区、直辖市人民政府授权的组织登记的基金会。包括全国性公募基金会、地方性公募基金会、非公募基金会、境外基金会在中国内地设立的代表机构

要求二：公募基金会、非公募基金会需提供《基金会法人登记证书》《税务登记证》的扫描件。境外基金会代表机构需提供《境外基金会代表机构登记证书》扫描件

要求三：基金会需通过成立以来的历年年检，无年检不合格记录，并提供加盖公章的证明材料的扫描件

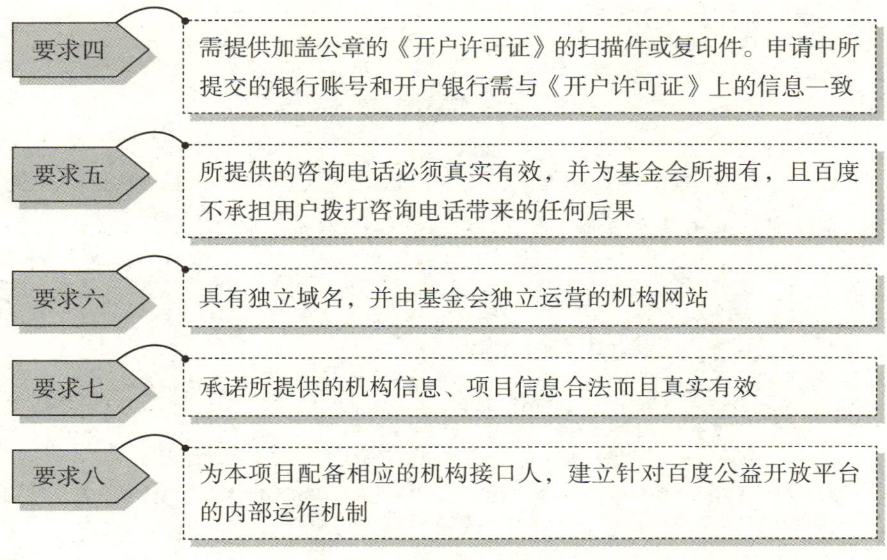

加入百度公益开放平台的要求

2. 加入百度公益开放平台的流程

加入百度公益开放平台的流程如下图所示。

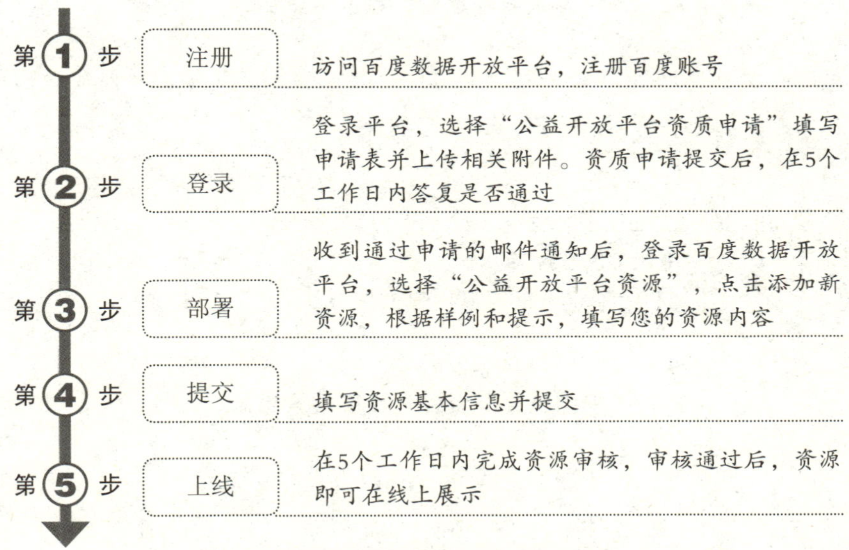

加入百度公益开放平台的流程

【拓展阅读】 合作案例

合作案例

当用户在百度网页搜索查询“中国扶贫基金会”等公益组织名称的关键词时，会在搜索结果中展示，如下图所示。

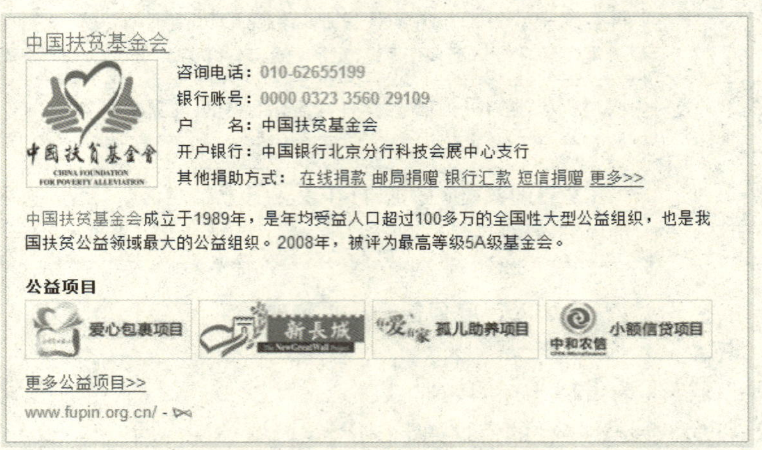

“中国扶盆基金会”百度搜索结果

当用户在百度网页搜索查询“中国扶贫基金会电话”等公益组织名称电话关键词时，会在搜索结果中展示，如下图所示。

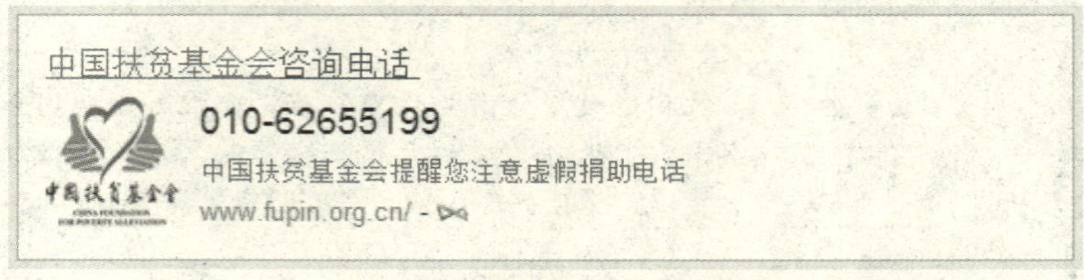

“中国扶盆基金会”百度搜索结果

第四节 百度危机引发的社会责任思考

“魏则西事件”引发网民对医疗服务和医疗信息商业推广的广泛关注。也使得百度遇到了前所未有的危机，对于百度来说，这个事件是“危”也是“机”。“危”就是百度要吸取这个事件的经验教训，彻底反思、积极整改，给社会一个交代；“机”就是百度借此机会，深刻反思、对内整顿、对外增加公信，真正打造一家为民服务的良心网站。

魏则西事件

2014年4月，西安电子科技大学计算机专业的学生魏则西被查出得了滑膜肉瘤。这是一种恶性软组织肿瘤，目前没有有效的治疗手段，生存率极低。魏则西休学治疗。

2014年5月20日至2014年8月15日，魏则西接连做了4次化疗，25次放疗。吃了几百服中药，经历了3次手术。

2015年3月，休学1年的魏则西回到学校，转入计算机专业2013级2班。

2015年4月，魏则西再次休学，随后病情迅速恶化。

2014年9月至2015年年底，魏则西先后在北京武警总队第二医院进行了4次生物免疫疗法的治疗，花了20多万元，没有明显效果。

2016年4月12日上午8时17分，魏则西在咸阳的家中去世，终年22岁。

网信办联合调查

2016年5月1日，国家网信办会同国家工商总局、国家卫生计生委成立联合调查组进驻百度公司，对“魏则西事件”及互联网企业依法经营事项进行调查并依法处理。联合调查组由国家网信办网络综合协调管理和执法督查局局长范力任组长，国家工商总局广告监管司、国家卫生计生委医政医管局及北京市网信办、工商局、卫生计生委等相关部门共同参加。联合调查组将适时公布调查和处理结果。

2016年5月9日，国家网信办联合调查组公布进驻百度调查结果，结果认为百度竞价排名机制存在付费竞价权重过高的问题，容易误导民众，并强调“在2016年5月31日前，改为以信誉度为主要权重的排名算法并落实到位”。

百度整改要求

2016年5月9日，国家网信办会同国家工商总局、国家卫生计生委成立的联合调查组向社会公布了调查结果，提出让百度做出严格审核商业推广服务、明示推广内容和风险、排名机制调整等多项整改要求。

据介绍，百度将根据调查组的整改要求，全面落实六个方面的整改工作，如下图所示。

方面一：立即全面审查医疗类商业推广服务，对未获得主管部门批准资质的医疗机构坚决不予提供商业推广，同时对内容违规的医疗类推广信息（含药品、医疗器械等）及时进行下线处理。并落实军队有关规定，即日起百度停止包括各类解放军和武警部队医院在内的所有以解放军和武警部队名义进行的商业推广

方面二：对于商业推广结果，改变过去以价格为主的排序机制，改为以信誉度为主，价格为辅的排序机制

方面三：控制商业推广结果数量，对搜索结果页面特别是首页的商业推广信息数量进行严格限制，每个页面商业推广信息条数所占比例不超过30%

方面四：对所有搜索结果中的商业推广信息进行醒目标识，进行有效的风险提示

方面五：加强搜索结果中的医疗内容生态建设，建立对医疗内容的评级制度，联合卫计委、中国医学科学院等机构共同提升医疗信息的质量，让网民获得准确、权威的医疗信息和服务

方面六　继续提升网民权益保障机制的建设，增设10亿元保障基金，对网民因使用商业推广信息遭遇假冒、欺诈而受到的损失，经核定后进行先行赔付

百度落实整改

李彦宏的回应

2016年5月10日，百度公司创始人、董事长兼首席执行官李彦宏在公司内部发布了以“勿忘初心　不负梦想”为题的邮件，针对近期百度所发生的事件进行分析，认为目前百度的价值观有些变形，主要原因在于从管理层到员工层过于追逐短期KPI，导致一些工作人员在追求商业利益和用户体验的过程中做出妥协。

李彦宏称，在接下来的时间必须集中力量做好几件事，如上图所示。

李彦宏还在邮件中重申了对网信办调查结果的回应，表示将重新审视公司的商业模式，完善用户反馈机制，完善现有的先行赔付等网民权益保障机制，增设10亿元保障基金，充分保障网民权益。

相关链接

李彦宏内部信“勿忘初心　不负梦想”

各位百度同学：

1月份的“贴吧事件”、4月份的“魏则西事件”引起了网民对百度的广泛批评和质疑。其愤怒之情，超过了以往百度经历的任何危机。

这些天，每当夜深人静的时候，我就会想，为什么很多每天都在使用百度的用户不再热爱我们？为什么我们不再为自己的产品感到骄傲了？问题到底出在哪里？

还记得创业初期的百度，那时我们主要在跟谷歌等竞争对手抢用户，但我更怕的是它们用高价挖我们的人才，谷歌完全有实力给百度的工程师们开出3倍以上的工资待遇来。后来它们进来了，却几乎没有挖动我们什么人。细想起来，那个时候大

家都憋着一股气，要做最好的中文搜索引擎。我们每个人每天都为自己做的事情感到自豪。那时候我们的招聘海报经常用一个名人的头像，在下面配一句简练的话。比如用鲁迅的头像，下面配的文字就是："是翻译，还是用创作寻找中国意义？"用钱学森，文字就是："是在海外住别墅还是回中国做导弹之父？"用毛泽东，文字就是："是投降，还是比敌人更强？"……直到今天，每当我把这些词句说给后来人听时，都会几近哽咽。在这些梦想的感召下，我们去倾听用户的声音，去了解用户的需求，在实力相差极为悬殊的情况下，一点点地赢得了中国市场。是我们坚守用户至上的价值观为我们赢得了用户，也正是这些用户在贴吧里盖楼、在知道里回答问题、在百科里编写词条，他们创造的内容、贡献的信息，让我们区别于竞争对手，成就了百度的辉煌。

然而今天呢？我更多地会听到不同部门为了KPI分配而争吵不休，会看到一些高级工程师在平衡商业利益和用户体验之间纠结甚至妥协。用户也因此开始质疑我们商业推广的公平性和客观性，吐槽我们产品的安装策略，反对我们贴吧、百科等产品的过度商业化……因为从管理层到员工的对短期KPI的追逐，我们的价值观被挤压变形了，业绩增长凌驾于用户体验之上，简单经营替代了简单可依赖，我们与用户渐行渐远，我们与创业初期坚守的使命和价值观渐行渐远。如果失去了用户的支持，失去了对价值观的坚守，百度离破产就真的只有30天！

今天，百度能影响的人比以往任何时候都更多，信息的流动比以往任何时候都更快，市场的环境比以往任何时候都更复杂，好的，坏的，美的，丑的，真的，假的，在网上都有。每天有无数的人会根据在百度搜到的结果去做决策，这也对我们的产品理念、行为准则提出了更高的要求。我们要与时俱进，为用户负责！

网民希望我们做的事儿，我们要顺应民心和民意，积极承担社会责任。哪些钱可以赚，怎么赚，关键时刻高管和员工如何选择，这些问题时刻考验着我们的商业道德和行为规范。我们在接下来的时间必须集中力量做好几件事：

首先，是重新审视公司所有产品的商业模式，是否因变现而影响用户体验，对于不尊重用户体验的行为要彻底整改。我们要建立起用户体验审核的一票否决制度，由专门的部门负责监督，违背用户体验原则的做法，一票否决，任何人都不许干涉。

其次，要完善我们的用户反馈机制，倾听用户的声音，让用户的意见能快速反映到产品的设计和更新中，让用户对产品和服务的评价成为搜索排名的关键因素。

最后，要继续完善现有的先行赔付等网民权益保障机制，增设10亿元保障基金，充分保障网民权益。

这些个措施，也许对公司的收入有负面影响，但我们有壮士断腕的决心，因为我相信，这是正确的做法！是长远的做法！是顺天应时的做法！

10年前，我们以搜索为基础，创立了贴吧、知道、百科等新产品；今天，我希望我们以人工智能为基础，把语音搜索、自动翻译、无人车做成影响人们日常生活的新产品。百度要跑完从大企业到伟大企业的长距离，要有拓展业务的“体力”，更要有坚守简单可依赖文化的“意志”。让我们坚守用户至上的价值观，为实现让人们平等便捷获取信息找到所求的使命努力拼搏，让我们的后人为我们所做的事情感到骄傲和自豪！

Robin

2016-5-10

参考文献

[1] 和风. 海淀发展历程回顾：中关村电子一条街变身科技园. 北京晨报，2008-11-03

[2] 佚名. 广州视窗采用百度搜索技术. 百度新闻中心，2000-11-13

[3] 佚名. 263前台增力 百度后台支持——百度为263提供搜索功能整体解决方案. 百度新闻中心，2001-01-15

[4] 佚名. 百度搜索竞价排名浮出水面. 百度新闻中心，2001-09-20

[5] 佚名. 搜索引擎急搜新“钱”途. 百度新闻中心，2002-11-05

[6] 侯磊. 百度总裁催热中文搜索. 京华时报，2002-07-11

[7] 佚名. 李彦宏两会提案：全面开放医院挂号号源. 网易科技，2015-03-03

[8] 崔江. 百度李彦宏：通过创业挣钱是最苦的一条路. 华西都市报，2015-05-04

[9] 阿茹汗. 百度与北京工商局合作将研发新一代商务网站垂直搜索引擎. 2015-10-12. TechWeb.com.cn

[10] 战钊. 网上探秘东北民俗　百度百科数字博物馆添新成员. 光明网，2015-11-02

[11] 段红彪. 百度糯米七夕期间单日流水破4.5亿市场份额位列第一. 中国新闻网，2015-08-23

[12] 雷建平. 不怕烧钱的百度外卖：只做白领市场 物流众包. 腾讯科技，2015-08-04

[13] 张司南. 百度CFO李昕晢荣获2014中国政府“友谊奖”. 中国新闻网，2014-09-30

[14] 万南. IDC统计全球搜索引擎排名：谷歌第一 百度第四. 驱动之家MyDrivers，2015-10-29

[15] 杨威海，刘建国. 中文搜索引擎技术未来展望. 人民网，2004-09-02

[16] 李彦宏. 框广天地　责任前行：2009-2011百度企业社会责任报告，2012-09-06

[17] 承哲. 李彦宏18年后首提“超链分析”，这项百度起点技术在移动互联网时代如何重生？虎嗅网，2015-01-19

[18] 庄胜春. 优步站牌受关注：与百度网易合作　能定位还能“唱歌”. 央广网，2015-11-07

[19] 佚名. 百度：移动安全需全产业链通力合作. 比特网，2015-11-06

[20] 关婧. 中国工商银行正式发布工银票据电子化交易平台. 中国经济网，2015-11-09

[21] 佚名. 东兴证券：百度换股携程迎来再估值目标价216美元. 财经网，2015-11-03

[22] 师天浩. “偷”百度流量背后：搜狗退步　小川心慌. 2015-11-09. Techsir.com

[23] 段红彪. 李彦宏在百度年会上演讲——百度使命：让老百姓更容易获得信息. 中国新闻网，2012-1-09

[24] 李彦宏百度十五周年演讲：始终相信技术的力量. 百度新闻中心，2015-01-25

[25] UN310. 曹军：保益悦听掌上盲道. 搜狐公益，2014-02-27

[26] 段红彪. 百度上线地震全网寻人平台 整合谷歌、新浪7大网站数据. 中国新闻网，2013-04-22

[27] 勐励. 百度“阳光行动”半年打击虚假网页超千万. 新快报，2011-07-25